〔美〕理查德·古森◇著

冯杨◇译

e企业家
E-PRENEUR

山西出版集团
山西人民出版社

谨以此书献给

Brenda、Brooke、Matthias、Neil和Kaylyn

目　录

第二步　以创新把握契机

第三步　机会的可行性分析

第四步　规划有效的大众力量商业模式

第五步　融资与壮大事业

前　言
什么是"新虚拟市场"？为什么它很重要？

很多事业有成的企业家都认为自己已经将网络融入了事业之中。对他们来说，网络就是进入到一长串公务电子邮箱的入口，是联结着五花八门的广告网页的高速公路。总之，网络就是一种让他们的营运更为便利的工具。

然而，这些企业家恐怕没有充分意识到网络正在改变，而正是这些新的改变将对商业运营的方方面面产生巨大的影响。随着网络技术的不断演化，网络已经具备了通过一种互动模型来进一步转变商业运营的潜力，而这种互动模型将增进创业活动并转变企业与顾客之间的关系。新虚拟市场提供了一群来自世界各地的人，他们愿意互信、合作、沟通、想象，愿意与公司携手共创事业。他们是有史以来最富于活力、分布范围最广的社群，这就是新虚拟市场之所以重要的原因。

从Web1.0到Web2.0和维基

1990 年代中期，网络作为一种"高速公路"——即一种轻松地传播信息、从事各种电子商务的形式——出现，从而为社会带来了翻天覆地的改变。如今，这类网络泛称为"Web1.0"，它让小公司也能从创办人的地下室向全球行销商品。各个公司和投资人急着在这片新市场上开疆拓土，在这里，掌控媒体比产品的专业化更为重要。例如，亚马逊创办人杰夫·贝佐斯（Jeff Bezos）就是网络行销的专家而非传统的专业书商。他深谙科技所扮演的角色，并能充分运用自己的营销专长，把书籍、DVD 等不同商品和服务分销给日益扩大的顾客群。

在 Web1.0 时代，各式各样的新公司与经营模式兴起，eBay 就是其中一例。与此同时，也有很多公司辗转挣扎，并从此销声匿迹。并不是每个与网络有关的点子都行得通。此外，2000 年 3 月网络的泡沫化给网络事业造成重创，而 2001 年的 9·11 事件更是让网络前景雪上加霜。这些因素浇灭了投资人的热情，迫使网络开始进行彻底的结构重整。在重整的过程中，一些公司凭借创新和专业技术来满足实际的需求和机会，从而浴火重生，其中最著名的就是谷歌公司（www.google.com），这些公司在网络上建立了可行并且获利可观的商业模式，因而安然度过了惨淡的灾难时期。

回顾以往，Web1.0 已经为集体协作（mass collaboration）酝酿了最初的雏形。用开放的源代码写成的 Linux 系统就是集体协作的知名案例（Linux 是大家为了共同利益、群策群力，不断上网改进的免费软件）。另一个推动网络合作的动力是维基（Wiki 是夏威夷语，意思是"迅速"），这是一个允许用户直接从网络浏览器上编辑和创造网页而无需使用额外软件的网站。当然，"维基"这个词最为大家所熟知的，就是全球超大流量网站维基百科（Wikipedia）的字首。不过，一直到网络进入下一个阶段，亦即 Web2.0 时代，集体协作的概念才真正得以成型。如果说 Web1.0 讲的是信息，那么 Web2.0 讲的就是合作与社群。

在网络上，全球流量排名前十五的网站中有六大网站都采用"用户自创界面"，合作的普遍特性由此可见一斑。由网友自愿参与、共创220多万条信息的维基百科就是一个很好的例子。另一种形式的合作就是网络社群，例如会员近百万人的大学导向社交网站Facebook。

这些例子表明，我们生活在一个科技日新月异与社会迅速变迁的时代。2006年，《时代》(*Times*)杂志宣布以"你"作为年度风云人物，就明显体现了网上社群的兴起及大家自我表现的需求。文中说道："我们看到了生产力与创新的大爆炸，但这仅仅只是个开始，因为数百万个原本隐形的头脑现在都借由网络聚集在了全球智慧社群。"

Web2.0的蓬勃发展已经涌入了商业主流，市场上不断传来出售与收购网络事业的消息。Youtube刚成立没几年，就以15亿美元的高价卖给Google，其创办人因此一夜致富。罗伯特·默多克的新闻集团也以5.8亿美元的高价买下了Myspace。

这些网络社群为什么会有如此惊人的身价？马尔科姆·格拉德威尔在其畅销书《引爆点：如何制造流行》中写道："在人们相互疏离和防范的世界里，口耳相传变得比以往更加重要。"从更激烈的角度来看，泰普斯科特和威廉姆斯在他们的《维基经济学：大规模协作如何改变一切》一书中写道："但是对那些没能跟上这一无情变化的社会、公司和个人来说，这种新的参与带来的将是剧变、混乱和危险。"因此，人们越来越需要建立相互之间的联系、平等和合作，这一动态的追求已经迅速形成了一个庞大的需求市场，而网络正好应运而生。

Web2.0带来的关系发展影响着所有的企业（不论这些企业是否以网络为基础）如何看待顾客以及如何与顾客互动。传统意义上，企业将顾客视为观众，企业通过电视或报纸杂志的广告、告示牌、宣传册、商品包装等单向方式与顾客沟通，顾客则以是否购买商品来加以回应。偶尔有时候，顾客会通过要求退货、打客服电话、参与电话调查、写感谢信或投诉信等方式来回应。但是，就像去戏院看戏的观众一样，顾客的反应只限于掌声、嘘声，以及在精彩或糟糕的表演后写一封剧评而已。

然而，Web2.0 开始改变了人们对顾客与企业之间关系的预期。观众突然站上舞台接掌戏剧，告诉演员怎么走位、说什么台词。现在，观众变成了导演、编剧和舞台设计，开始创造他们自己的戏剧，开始在台上掌控一切，而企业必须冒着收益减少的风险听从观众的指示。实际上，用简单的话来说，这就是"大众力量"的根本概念。

在这种主客颠倒的环境下，有些企业善于利用大众的力量，他们没有退缩到角落或大声主张传统立场，而是听取顾客的建议和点子来制作或改进他们的产品和服务，从而开发出一片新的市场。这些企业表现出来的运营模式就是我所说的"大众创业"（crowdpreneurship）。

"crowdpreneur"（大众创业家）一词是"crowd-powered entrepreneur"（大众授权的企业家）的缩写，意指个人或组织在创业时，采用多种多样的形式（集体智慧、集体协作、大众外包，等等）来充分运用网络大众的授权策略。换句话说，"大众创业"就是将创业原则直接套用在 Web2.0 的创新领域当中。

本书的主要目的就是详细介绍在新虚拟市场中运营得非常成功的大众创业公司，而不只是收集表面信息并作个粗略的评论而已。为了充分了解这些公司，我深入访问了这些公司的创办人，尤其是弗鲁瓦格鞋业（Fluevog Shoes）、公民新闻网站（Nowpublic）、寒武纪工作室（Cambrian House）的创办人。此外，我也访问了几位主要的意见领袖，并特别把杰夫·豪的访问内容单列出来，"大众外包"（crowdsourcing）这个词就是他首创的。

疯狂的大众与聪明的暴民

网络社群（或网民）和集体行动有何不同？不论是在约翰·韦恩的西部片里出现的抗争分子群起包围警长办公室，还是在非洲国家的部落之争和种族冲突中出现的令人发指的大屠杀，我们常常听到"暴民"集体的歇斯底里行为，看到许多团体为了某种原因而团结起来，衍生出无数的暴行和误判。那么，现实中的民众与网络上的大众又有何不同？我们必须深入地探查出理性大众和非理性大众之间的差异。

一谈到大众行为，人们往往首先想到查尔斯·麦基于 1841 年出版的《大癫狂：非同寻常的大众幻想与全民疯狂》一书。麦基在书中描述了愚昧群众的有趣历史，他写道："大众幻想的起源之早、范围之广、历史之久，别说两三卷，就是写上五十卷也不足以详述其历史。"他描述了各个年代的全民疯狂事件，例如密西西比计划、南海泡沫、郁金香狂热、炼金术等等。麦基描述的故事和他出版该书后至今发生的一系列投资狂潮事件都有诡异的相似之处，这表明大众一窝蜂的愚蠢行为自古已然、丝毫未减。

麦基描述的投资狂潮之一是密西西比计划，这个计划是由英国人约翰·罗于 1719—1720 年策划的。当时他在法国，法国国会把"和东印度、中国交易的独家特权，以及法国东印度公司财产的独家拥有权"授予密西西比公司。约翰·罗借机四处推销一连串的投资机会，1719 年，他对外发行了 5 万股股票。麦基解释道："约翰·罗所提供的投资前景极其诱人，他承诺每股面值 500 里弗尔的股票每年可获得 200 里弗尔的红利，而又由于人们是用国库券的面值购买股票，其 500 里弗尔的面值实际只值 100 里弗尔，所以每股股票的获利率高达 200%。"于是，狂热的投资者们纷纷抢购，当然不用说，约翰·罗承诺的丰厚利润后来并未兑现。

另一个诱惑群众的故事与荷兰的郁金香有关。麦基解释了 1630 年代郁金香为什么会大受欢迎："有钱人家如果家里没有郁金香，就会被认为品位低俗。"（显然，郁金香是奢侈舶来品的先驱）。随着对郁金香的持续追捧，"中产阶级与商人，甚至升斗小民，也开始竞相攀比郁金香的稀有程度及其离奇的买价。"当人们争相陷入这类疯狂举动的时候，通常不会预料到价格暴跌，相反，听说他人获利反而使他们愈发大胆。"1634 年，荷兰的郁金香风潮过于盛行，连一般产业都因此受到冷落。郁金香交易已成为全民运动，连社会最底层的人也参与其中。"这种情形让我想起一句俗话：当出租车司机和牙医都能从房地产或股市获利时，就意味着市场快要崩盘了。

那么，我们应该怎样来看待大众及其行为呢？麦基悲叹道："俗话说得好，人类会群体思考，也会群体疯狂，但只有当人群重新分散为一个一个的个人时，理智才会慢慢地恢复。"尽管麦基把这些人群定义为"大众"，但这个定义是否充分代表了所有大众互动的动态呢？不见得。集体的投资狂热与独立的思考是有明显区别的。

霍华德·莱茵戈德是一位擅长描述科技发展对社会影响的顶尖作家，他在 2002 年出版了《聪明暴民：下一个社会革命》一书。他刻意使用了"mobs"（暴民）这个词，这个词与群众集体行动有关，通常带有负面意义，但莱茵戈德却以"聪明"一词来形容这群人。他解释道：聪明的暴民"是由可以一起行动的人所组成的，即使他们素昧平生。"在他完成此书的 2002 年，莱茵戈德对网络大众的正面力量持乐观的看法。例如，Web1.0 的一大要件就是评价系统的发展，买家与卖家在 eBay 和亚马逊等网站上可以获得评价，因此陌生人即使从未碰面，也可以放心地在网上交易。这不是人类的一种新欲望，只不过是更为简单地获取结果的一种方法。莱茵戈德指出："如今（2002 年）的网络评价系统是一种促使人们以更新更强大的方法操纵人类古老的基本特性的电脑科技。"莱茵戈德认为网络人群是有价值的，不过在他撰写该书时，还没有充分分析网络合作行为的真正价值。

2004 年，詹姆斯·索罗维基出版了《群众的智慧》一书，成为了解群众价值的转折点。他的结论发人深省，他提出："在适宜的环境下，群众很有智慧，往往比他们之中最聪明的人还要睿智。"乍一看，这个说法似乎违背了我们的直觉，因为我们早已熟知暴民、非理性的群众会导致哪些后果。但是，索罗维基却以合理的分析说明了在特定的情况下，由个人组成的群体为什么会比独自一人更为优异。索罗维基表示："本书所提出的一个争议性主张就是：遵循某一个专家的看法不仅是错误的，而且代价很高。"

索罗维基把焦点放在群众智慧能有效解决的三类问题上，这三类问题是："认知问题"，即带有确定答案的问题（比如，谁会赢得世界杯？）；"协调问题"，即需要团队成员协调行为以达成解决方案的问题（比如在交通拥挤时，到达目的地的最佳路线应该怎么走？），以及"合作问题"，即激励互不信任的自利者一起合作，即使从一己之私的角度来看不应参与（比如，我们如何处理污染问题？）。

索罗维基在结论中对群众智慧做出了关键的区分。他表示："群众智慧"在每个个人为共同的议题而各自运作时效果最好，此时个人之间的行动可以相互平衡，得出的结果往往比单个个人的结果更为优越。索罗维基写道："对大多数事情而言，平均就意味着平庸。但在决策方面，平均起来的结果往往比较卓越，就好像我们天生就适合集思广益一样。"

网络大众就是索罗维基理想中的最佳范例，因为网络正是结合了每个个体的互动。尽管一个聊天室或者博客可能包含有众多网民的评论，或者一个网页同时有上百万个网民涌入，但是这些网民更有可能是单独坐在自己的电脑面前，而不是坐在人数众多且彼此思维模式相同的大礼堂中。换句话说，在任何情况下，网络"大众"都是由持有不同想法的个人所组成的群体，他们聚集的地方是科技界面而非实际地点，他们在群体中相互交流，而无需出现在同一地点。因此，正如索罗维基强调的，他们在合作时可以保留个人的判断。

大众力量的演化

对群众智慧的接纳和了解，如今已经逐渐演变成对群众力量的开发和运用。这主要是受两个社会因素的影响。第一，诸如博客和大流量网站（维基百科、Myspace、Youtube 等）这样的用户自创媒体的崛起，显示了大众从网络汇集点子的力量。第二，生产者和消费者之间的传统界线已经日益模糊。Web2.0 使世界变得更平等，现代科技可以让更多非科技界人士进入网络来贡献自己的一技之长。这种一群人上网合作达成特定目的的概念，后来衍生出大量意义相似的用语。

开放式创新

网络大众活动的一种类别是"开放式创新"（open innovation），①这是伯克利大学开放式创新研究中心的教授兼所长亨利·切斯波罗所推广的词汇，其中心思想是：在知识广泛分布的世界里，公司无法再完全仰赖内部的研究，必须向其他公司购买程序或发明，或者取得外部的授权。此外，公司的内部发明如果没有用于内部事业，就该通过授权、合资或另设公司等方式拿到外部去发展。与之相反，"封闭式创新"则是指内部知识只在公司里使用，而公司也不大运用外部知识。本书后面介绍的创新中心就是开放式创新的一个范例。

开放源代码的软件就是开放式创新的常见例子。"开放源代码"是指把源代码公之于世，让大众免费获取，任何人都可以根据自己的需求（在一般性的公共授权下）加以免费使用和修改，从而促进软件开发的合作。用户免费把自己修改的部分加入原程序中，借此改进和扩充程序核心。总是有一群热心的网民组织免费支持网络，而这样的程序开发不仅速度更快，而且比商业销售的竞争软件更贴近用户需求，Firefox 网络浏览器就是我们耳熟能详的一个例子。

集体协作

另一个常见用语就是集体协作，这是指许多人独立加入同一项目的合作形式，这种项目通常是由标准组件组成。集体协作与其他大规模合作的主要区别在于，集体协作的合作流程是以大众创作的

————————

① 另一个类似的术语是"用户导向创新"，这是由麻省理工学院的 Eric von Hippel 提出的。

内容作为媒介，而其他大规模合作则以人与人之间直接的社交互动作为媒介。这个术语最近在泰普斯科特和威廉姆斯所著《维基经济学》一书中作为副标题广为引用。

集体智慧

"集体智慧"一词流传已久。麻省理工斯隆学院的托马斯·W.马龙教授表示，麻省理工集体智慧中心的目的就是要解决一个问题："人与电脑如何相连，才能使其联合行动比任何个人、团体或电脑更有智慧?"[1]集体智慧一词由网络意见领袖提姆·欧莱利率先提出，Web2.0一词的发明也多半归功于他。开放源代码程序的发展是推动"集体智慧"的契机，欧莱利表示："开发源代码软件善用网络效应，是利人利己、改变参与结构的力量。"[2]他把集体智慧融入"网络效应"，使网络因集体智慧的注入而价值倍增。欧莱利表示："当Web2.0公司完全发挥网络效应的潜力时，公司就能掌握集体智慧。"在2005年9月的文章中，欧莱利率先为Web2.0与集体智慧下了定义，他写道："为这些用语界定范围很难，实际上，它们是Web2.0这个一般性概念的具体指标。"

大众力量的种类

有些与大众有关的词汇基本上就包含了大众力量的元素，而掌握大众智慧的战略有多种不同的说法，从"大众威力"到"大众外

---

① 摘自麻省理工学院的交流论坛，2007年10月4日。
② 见作者对提姆·欧莱利的电话采访，2007年9月5日。

包"，等等。其中，"大众力量"一词可能是最通用的说法。例如，可以把"大众力量"这个词的定义焦点放在消费者行动上，意指"由公民或消费者组成的出于特定的动机（政治、市政或商业动机）而在网络上汇集的团体，其目的多种多样，从弹劾政治人物到迫使供应商提供折扣，不一而足。"

现在，"大众外包"一词逐渐流行。自从杰夫·豪在 2006 年 6 月的《连线》杂志中发表《大众外包的崛起》一文以来，这个用语就日渐流行。他把大众外包定义为"公司或机构把原本由指定代理人（通常是员工）进行的工作，外包给网络上非特定的广大族群处理。"他还提供了另一种精简版的解释："即把开放源代码的原则应用到软件以外的领域。"大众外包背后的根本商业理念就是善用大众的集体智慧，以完成公司向来由自己完成或外包给第三方完成的商业任务。大众外包有很多好处，例如可以获得免费的劳力、有更大的提供创意和专业意见的来源，等等。这个流程也可以让顾客或客户为产品的开发贡献一己之力，并借此强化顾客的忠诚度。

博主乔斯·凯顿将大众外包分为三类。第一类，他认为大众外包可以用来创造网站内容，因而称之为"用户自创界面"（如维基百科、寒武纪工作室等等）。第二类大众外包则和组织有关，运用大众的选择来帮助整理资料和排序。例如 Google 的 PageRank 就是根据链接分析运算出来的结果进行分级。StumbleUpon 也是一个通过大众外包来整理信息的例子，其目的是帮助人们"发现新网站"。第三类大众外包则与预测有关，即以类似民意调查的方式决定什么事物正热门。例如，Digg 根据读者挖的次数来排列新文章。不论"大众外包"一词如何定义，它的潜力正在迅速发酵。在未来，大众外包会发展到什么程度？正如杰夫·豪所言："目前大众外包才刚刚起步，虽然这个概念还处于婴儿期，但它已经明显地开始掀起震撼性的波澜。"

　　本书将各种不同的大众智慧与力量都纳入"大众力量"这一概念中。我比较喜欢用"大众力量"这个词，公民新闻网站的先驱Nowpublic 也采用这种说法，他们的品牌标语就是"大众共创媒体"（crowd-powered media）。他们是这样描述其做法的："通过掌握大众智慧，并善用成千上万个网民、博主和摄影爱好者的潜力，Nowpublic 正在改变新闻产生与传播的方式。"不论以什么样的方式运用大众力量，我都将那些运用大众力量的公司称为"大众共创"公司，因为对我的分析而言，更重要的是大众共创的行为在何种程度上被运用到商业模式当中，而公司是否具有大众共创的性质正是取决于此。

世代落差

　　谁最容易在新虚拟市场中发现大众力量的商机？勿庸置疑，一个人乃至一个世代的年龄会大大影响其对科技的看法。年轻的族群显然比较熟悉 Web2.0 的商机所在，因为古往今来，年轻人都比较乐于接纳新技术，因而成为最先探索新知的一群。例如，婴儿潮世代与老一辈会觉得"网络社群"很奇怪，但对 X 世代和 Y 世代来说，网络社群却是日常生活的一部分。

　　想要完全掌握创业商机，就必须让各世代都了解 Web2.0。尤其是，Web2.0 的推动有赖于 Y 世代的直觉、X 世代的技术，以及婴儿潮世代的管理专长和老一辈的融资帮助。因此，每个世代都必须同时了解自己与其他世代，洞悉自己的优缺点，只有这样，才能在 Web2.0 的世界中游刃有余。

　　机会主要依赖于每个人所处的世代优势。虽然接受改变、追求创新并没有明显的世代落差，但这两大因素的确可以帮助我们迅速地作出基本分析。备受推崇的人口统计学家大卫·福特提出："年龄是最佳的预测工具，因为它是肯定会变的。"他认为每个个体都是属于某个"世代"的一员，但是"我们大多数人认为自己是独自一人，因而低估了我们与其他同世代成员之间的相似度。"

　　我把他的说法套用到 Web2.0 世界来分析四个世代，每个世代应用网络的方式都不尽相同。首先是生于 1922—1945 年的老一辈，他们不常上网，缺乏对网络的了解，上网主要是为了和孙子互通电子邮件。第二类生于 1946—1964 年的婴儿潮世代，他们正值职业生涯的巅峰，大多是 Web1.0 的主要用户。另一个重要特征就是，他们为数众多，最大的族群生于 1961 年。加拿大、美国、澳大利亚和新西兰都有婴儿潮，因为那几年他们都是主要的移民接收国，而这些移民当时都是二十多岁，正是生儿育女的时期。美国的婴儿潮世代是 1946—1964 年，当时二战刚刚结束，经济稳定，前景看好，人们普遍有能力抚养大家庭。婴儿潮后来结束的原因有很多，例如女性就职人数的增加、避孕药得以发明，等等。婴儿潮世代对 Web2.0 的熟悉程度可能因人而异，视工作上的需求和个人偏好而定。

　　不过，生于 1965—1980 年的 X 世代则是把科技与网络当成掌控生活的方法。他们在 Web1.0 的世界里成长。最后一个世代是1980 年代以后出生的 Y 世代，他们浸淫在网络科技中，大多跟着Web2.0 的世界一起成长，潜意识里就把 Web2.0 的思维当成日常生活的现实状况，并且在网上建构和培养了许多关系。

　　显然，前后世代之间存在着理解上的代沟。那么，为什么这一点很重要呢？因为，只有各世代都了解 Web2.0，创业商机才能被完全掌握。换句话说，Web2.0 的推动有赖于 Y 世代的直觉、X 世代的技术，以及婴儿潮世代的管理专长和老一辈的融资帮助。因此，每个世代都必须同时了解自己与其他世代，洞悉自己的优缺点，只有这样，才能在 Web2.0 的世界中游刃有余。例如，Y 世代的人并非人人都属于网络世代，有些人投入较深，有些人投入较浅，这些较晚参与的人也需要由我们一起带进 Web2.0 的世界。Y 世代应该意识到自己独特的观点，并寻求和其他世代之间搭起沟通的桥梁的方法。

驱动 Web2.0 的力量主要来自 Y 世代，其次来自 X 世代。我是 47 岁偏婴儿潮世代的教授，教的是 Y 世代的学生（主要是 22~24 岁），他们通常不读报纸，也不收看六点钟的新闻，在他们的意识里，"六十分钟"是使用网络的时间限制。他们获取信息的主要方式是浏览网站、逛博客、参与网络社群，以及通过电子邮件或 Facebook 和朋友分享趣闻与影片。

置身于网络之外的婴儿潮和老一辈无法理解 Y 世代和他们之间的文化差异。婴儿潮世代会问："谁会有时间去写博客、浏览博客、参加社群、贡献点子、为陌生人上传一些可笑的影片？"而 Y 世代也不能理解，为什么这些长辈有空埋头看报纸或者回家看电视。关键之处就在于预期人口族群的改变及其长期发展趋势。事实上，越是展望未来，这些趋势就愈发重要。

e企业家：从华尔街到维基

在当今社会，成功的企业家都是 e 企业家（e-Preneurs），他们能够发现和掌握新兴网络市场所提供的商机，不再把顾客当成观众，而是把顾客当成合作者，亦即当成创意指导者、评论者、评估者与发明者。e 企业家把 Web2.0 与大众力量应用到商业模式之中，重新定义公司的运营方式，把对电子商务的了解与创业原则结合到一起。

今天的 Web2.0 环境充满了商机。2007 年年底有一份报告指出："2001 年初第一次网络泡沫化以后，网络历经几年的惨淡经营，如今又东山再起、蓬勃发展起来。"本书的目的就是要教大家如何纵横驰骋于华尔街与维基的世界里，但如何做到呢？首先就是要遵循大众创业家的五个步骤，以求在新虚拟市场中胜出。

在本书中，我无意深入探讨前面的内容，也不想探讨大众力量的由来或者花太多时间来界定其概念，而是着重探讨大众力量的实际应用层面。我已经和新兴事业创业家们合作过二十多年，所以我主要的兴趣是如何将创业原则应用到市场上。

本书的结构反映了成功创业的流程，分别用五章来说明大众创业家驰骋纵横于新虚拟市场所需经历的五个步骤：采用创业观点、通过创新来把握商机、仔细分析机会的可行性、规划出一个有效的大众创业模型、执行严谨的融资和成长计划。

每章最后的人物描写和采访记录都与本书的主题相关，而不仅仅和特定的章节内容相关。我在书中会时常引用这些人物描写和采访记录，以补充我对关键议题的分析。不过，我也完整地呈现了这些意见领袖或公司创办人的采访内容，以便提供某些议题的独立观点或见解供大家参考。

最后，为了符合网络创业家或大众创业家的精神，本书不仅是一本书，也是网络社群 www.crowdpreneur.com 的入口。我们的网站不只提供了有关本书的静态信息的网页，也提供了你、我及其他读者合作的机会。在撰写本书的过程中，除了表达我自己的见解之外，我也收集了许多网络意见。如今书已出版，读者们可以上网针对书中各个部分提出你的看法，从而创造出一个以本书为跳板、不断动态扩展和延伸的故事。请登录 www.crowdpreneur.com 加入我们，一起来看大众创业概念的实际运作。

Web2.0 高峰会的十大流行语

每个圈子都有其独特的术语，以阻挡圈外人完全了解圈内的奥秘，就像法律术语一样。以下是我从 2007 年 Web2.0 高峰会上搜集的十大流行语。

1. 长尾理论 (the long tail)：这是克里斯·安德森《长尾理论》（2006 年）一书出版后所兴起的流行语。其基本理论是，销售曲线的细长部分（即"长尾"）包含许多非常小的利基市场，网络让公司可以销售这些商品而获利，亚马逊的成功就是一例。

2. 群众智慧 (the wisdom of crowd)：这个词源于索罗维基 2004 年的著作《群众的智慧》，索罗维基以有力的论点说明，为什么群众常常可以想出优于个人的解决方案。这个概念呼应了欧莱利提出的"掌握集体智慧"的概念，他认为掌握集体智慧是 Web2.0 的核心要件。更广义地说，"群众智慧"的概念也和"集体协作"、"大众外包"等概念密切相关。

3. 网络效应 (network effects)：网络的价值随着互联程度的增加而提升。用户数量一旦达到一定规模，其他人就会因为互联社群的价值提升而跟着加入（例如 Facebook 社群）。简单地说，网络效应就是网络连接产生价值从而促使网络成长的一种方式。

4. 混搭 (mashup)：这个词容易朗朗上口，所以大家喜欢把它挂在嘴边。混搭是指把源自多处的数据信息结合成单一整合工具的网络应用程序。例如，把从 Google Maps 得来的制图信息和从城市信息网站得来的餐厅方位信息结合到一起，就可以形成一个超越原始资料单一效用的新的独特的网站服务。

5. CPM（千人成本）：高峰会上经常提到这个简称，CPM 是 cost per mille 的缩写，通常是广告中的衡量指标。不同形式的广告（从电视到网络）都可以按照送达给一千个人的成本来购买。

6. 可升级性（scalability）：新企业所面临的一个关键议题就是，网站能否迅速升级，以因应用户猛增和流量暴增。当然，从创业的角度来看，你肯定不敢指望情况会如此乐观，那可能是一个奢侈的幻想。但另一方面，讽刺的是，网站流量一旦暴增，就会使服务器瘫痪、网站崩溃，使人们对公司失去信心。Myspace 的创始人之一就记得 Myspace 草创初期某个周末他开车跑遍硅谷、急着买服务器的经历，当时他和其他创办人必须把服务器装上货车、火速运回办公室以因应网站流量的暴增。

7. 病毒（viral）：这是虚拟世界中的一个咒语，因为公司要获得成功，其网站链接就必须像病毒感染那样快速蔓延。换句话说，网站的流行要像病毒般散播，让大家一个接一个地连上网站。结果，大家发现广告不仅成本太高，而且在虚拟市场上也不大行得通。成功的网站不必靠付费宣传，只要有足够的吸引力，网民们就会主动帮忙散播。

8. 每位独立访客的成本（price per unique）：独立访客是一种网站流量的统计数据，每位访客在报告记录期间都只算一次，旨在区分访客数量与网站访问人次。对广告商来说，这是很重要的区分，因为只有这个数字才能显示观众群的真正规模。追踪不重复访客数的方式是请所有访客都注册登录，或是在访客电脑上加装 cookie 追踪。

9. 云端服务（in the cloud）：这一术语和另一个 Web2.0 的要素"网络平台"（the internet as platform）有关，其基本概念是指，你的信息不再存放于个人电脑，而是存放于网络空间中，可以从任何电脑上获取。例如，Google 的应用程序有赖于"云端"服务器里储存的信息。与之相关的另一个术语是"云端运算"（cloud computing），意指依赖网络应用程序，把信息储存在网络云端。当然，Google 之类的公司就提供网络应用程序（亦即共享文件）。

10. 营利化（monetize）：与有些人认为 Web2.0 缺乏可行的商业环境的看法相反，高峰会上有很多人纷纷谈论"营利化"。也就是说，人们试图解释如何从 Web2.0 事业中获利，尤其是利用网站流量获利，而这主要和广告销售和收取订阅费相关。

Web2.0 高峰会的十大金句

高峰会上有很多人发表演讲，其中出现的一些简洁有力的佳句格外发人深省，以下是我最喜欢的十大金句。

1. 克雷格·文特尔是顶尖的基因研究科学家，也是《解码生命：我的基因、我的生命》一书的作者，他说道："未来已经来临，只不过还没有均匀分散开来而已。"

2. 伊凡·威廉姆斯是 Twitter 的共同创办人之一，他引述坦特克·塞里克的话说："个人的认知负担与点击率相关。"言下之意也就是说，为了提高点击率，你应该尽量把网站设计得简单明了。

3. 红杉资本的麦克·莫里兹强调以顾客为核心的经典创业格言："所有卓越的公司都以帮助人们为他们自己做点什么为主旨。"这等于是简单重提公司应该把焦点放在终端用户上。

4. 如今转战新闻集团的 Myspace 共同创办人克里斯·迪沃夫强调："公司要维持竞争优势，只需对一件事精益求精就可以了。"

5. eBay 的 CEO 梅格·惠特曼提及 eBay 过去的购并案时，乐观地表示："什么也不做比犯错的代价更大。"

6. G4 电视频道 X-play 游戏的主持人摩根·韦伯谈到"身历其境的体验"与"社交经验"对上网 Y 世代的重要性，并说明游戏何以填补了"社交生活的黑洞"。她就事论事地提出这些看法，虽然这些看法不大可能引起什么争议，但很多人把它们看做是对 Y 世代社交生活的悲观注解。

7. 未来学会的游戏设计师兼研究人员珍妮·麦格尼格尔提出，网络游戏的意义在于"它是追寻目标、快乐、建立社群的方法"。

换句话说，人们一直在生活中追寻意义，现在只不过多了一种追寻方法而已。

8. 潮流电视的约尔·海亚特尤其关注如何让人们通过网络看电视。他归纳的结论是："我们不想把电视的愚蠢带进网络，而想把网络的神奇带进电视。"

9. 克莱纳·伯金斯创投公司的合伙人兼 Google 董事约翰·多尔提出，Google 公司成功的关键之一就是"对用户体验的疯狂重视"。造就了 Web2.0 神话的 Google 之所以成功，不光是因为拥有卓越的技术，也是因为拥有强大的执行力。

10. 多尔充满激情地谈论了一项特别的社会议题：全球暖化，并称之为"地球的紧急要务"。我们该怎么做？多尔大声疾呼："永远不要低估一群创业家改变世界的能力。"

Web2.0 大师提姆·欧莱利

提姆·欧莱利是欧莱利媒体公司（O'Reilly Media）的创办人，他的公司自创了"Web2.0"一词，在硅谷举办了 Web2.0 高峰会与研讨会。他可谓是 Web2.0 世界最具影响力的意见领袖，世人称之为参与时代（participation age）的大师。以下的人物描写来自于最近对他的专访。

什么是"集体智慧"？

欧莱利提出了几个与掌握集体智慧有关的概念，并说明了什么是 Web2.0。

首先，他提到开放源代码的范式转换。在现今环境中，有一种商品化的过程，人们过去需要付费的一些软件逐渐流失其价值。但是，这类商品的价值依然存在，问题在于你应该将这些价值放置在什么样的层面。这促使欧莱利重新思考网络的性质，并围绕着今天所说的 Web2.0 提出了一些新点子。提升价值层面意味着将网络当成平台、使用软件来提供服务，以及掌握集体智慧，等等。反过来，还有一种欧莱利所称的降低价值层面的做法，比如"数据信息是下一个 Intel Inside"概念。这套分析建基于克莱顿·克里斯滕森的"高利润守恒定律"（参见本书第二步骤中"创新的经典见解"中对克里斯滕森观点的讨论），其基本观点就是每当你看到免费产品时，就意味着有其他产品变得更贵了。这种发展趋势的动力来源于 Linux 和其他类型的源代码开放软件，正是它们形成了改变游戏规则的破坏力。开放源代码软件将网络效应善加利用，不仅利人利己，而且改变了用户的参与结构。但是，这一趋势的发展还不止于此。欧莱利注意到，很多成功的网站也是充分利用了用户的参与以及随之而来的网络效应。[①]

第二，网络是平台。欧莱利指出，一旦你意识到自己处于新的平台时代，你就要自问如何才能在那个平台上取得成功。在电脑上，成功意味着开发出有助于提高个人用户生产力的应用程序。在网络中，成功则意味着开发出推动合作的应用程序，这里的合作不光是外显的合作，还包括内含的合作。

欧莱利认为，当任何一个 Web2.0 公司都能完全发挥网络效应的潜能时，集体智慧就得到了充分的运用。Google 把网站链接当做一种用户针对某个议题进行"投票"的最佳机制（例如 PageRank），并借此提供更好的搜索结果，这可说是 Web2.0 革命的真正开端。不过，雅虎、eBay、亚马逊、Craigslist（美国的一个网上大型免费分类广告网站）、维基百科也都以其独特的方式，显示了运用集体智慧提升价值的方法。例如，亚马逊不断追求用户增添价值的概念，他们没有一个嵌入式的参与结构，但是他们正致力于开发它。欧莱利解释道："关键在于一起合作；充分利用集体智慧是 Web2.0 的核心所在。" 他还指出，公司参与 Web2.0 时要问的关键问题是："我们可以在共有网络上做些什么？"公司的目的是建立越多人使用就越好用的网络，这是下一代网络公司的立基之本。

[①] 在订阅数量达到一定比例后，网络效应就会变得非常明显。在关键的转折点上，从产品或服务中获得的价值超过或相当于对产品或服务支付的价格。由于产品的价值取决于用户的基础，这就意味着一定数量的人们订阅了服务或购买了产品之后，更多的人就会由于正面效用——价格比率——跟着订阅服务或购买产品。

什么是Web2.0?

Web2.0 已经变成朗朗上口的流行语，欧莱利在 2005 年 9 月发表的《什么是 Web2.0》一文中，试图澄清他所谓的 Web2.0 的涵义，包括掌握集体智慧的本质。欧莱利在接受我的采访时指出："为这些用语界定范围很难，它们其实是 Web2.0 这个一般性概念的具体指标。"

本书将欧莱利主张的"集体智慧"与杰夫·豪主张的"大众外包"区分开来。但欧莱利认为这两者意义相似，其间的界线相当模糊。他表示，两者的关键差异在于刻意追求大众参与的程度。他解释道："我对大众外包的理解是，它是一个创造集体工作的流程，维基百科就是这样，一群人'涌入'进来，纷纷建立条目，在前人的基础上贡献一己之力。"

与之相反，欧莱利所主张的集体智慧不一定需要明显的合作，换句话说，公司出于某个特定目的而规划组织所输入的信息，但每个人可能连自己贡献了什么都不知道。例如，大家在制作网络链接时，并不会认为自己是在协助 Google，但是每个人建立的链接确实对 Google 有所帮助。欧莱利指出："集体智慧经常设计运算法则，以从合作中提炼价值。"

Web2.0 塑造或改变了我们的思考方法吗？欧莱利表示："我认为网络的确改变了人类，但很多形式的科学（比如电视）也改变了人类。但是，网络改变人类生活的方式有性质上的不同。网络使你可以在帽子掉下去的一瞬间就获得大量的信息。"

成功掌握集体智慧

不论如何定义集体智慧，关键的问题都在于公司如何成功掌握集体智慧。欧莱利认为有助于公司成功的因素有六个。

第一，公司应该尽可能多地搜集信息并达到可观的信息规模，以有效阻止其他竞争者进入市场。eBay 的霸主地位之所以难以撼动，就是出于这个原因，而不是因为他们有最好的技术。例如，为什么 eBay 无法打入中国？因为已经有人捷足先登了。

第二，率先进入市场的公司必须充分利用网络效应，并着手建立自己的数据库。公司必须明白：价值的创造来自于信息而非软件的积累。正如丹·布里克林所言，建立大型数据库的方法有三种：花钱请人做、找志愿者来做，或者从用户为了个人意图而使用网络时所产生的副产品——信息——中获取。最为关键的就是最后一种方法，在系统的设计下，用户在自己的使用过程中顺便也为建立数据库作出了贡献。

第三，公司需要知道如何让自己的网站像病毒一样传播。为此，公司必须把焦点放在网络效应上。例如，Facebook 开放了许多核心服务，允许用户补充应用程序，而他们控制的关键点则是与用户之间的交流。

第四，公司必须寻找简便的方法让用户不假思索地踊跃参与进来，这一点很重要。Flickr 就通过把"公开"设为默认，把"匿名"设为选项，从而做到了这一点。决定用户以何种形式参与网站是非常重要的，Skype 也是一例：他们不问你是否想要分享带宽，因为 Skype 的设计本来就要求如此。因此，关键就是让用户在不经意之间分享信息。

第五，公司的思维必须超越数据信息的表面用途。当公司从信息数据中挖掘出人们一般想不到的意义时，突破就产生了。公司应该知道，大家花钱就等于投票。换句话说，意义已经被编码存在那里，只等你去发掘。在财务数据中常常隐藏了很多有用的信息。

最后，公司必须想办法摆脱短缺经济时代的运营方式。例如，Google 尽管提供了大量的免费服务，但依然获利巨大，因为他们不需要对带给他们利润的网页内容付费。但是即使有时候真的需要付费取得内容，他们也会觉得偶尔的付出是值得的。比如，Google 觉得自己需要向用户提供地图服务，便花钱与 Navtech 和 TeleAtlas 两大数码地图公司合作以提供信息认证，但用户们却以免费的方式自由读取 Google Maps。正是由于开放用户免费使用的应用程序界面（API），Google 才从其他中介商中脱颖而出，成为主要的地图平台。

掌握集体智慧的挑战

公司要成功掌握集体智慧，当然会遇到挑战和阻碍。欧莱利认为最主要的挑战就是先占先赢——你最好率先进入市场，这就使你有机会持续改进。网络效应可以造成自然垄断，其他后来者则难以迎头赶上、争夺市场领导者的地位。很多公司想成为下一个 Google 或者下一个 MySpace 或 Facebook，但是仅靠渐进式改良是无法实现这一梦想的。正如欧莱利最近在其博客上所言，1960 年代初期，爱默生对当时还年轻莽撞的奥利弗·温德尔说道："一旦擒王，就必须置之死地。"

第二个挑战是公司需要了解自己有哪些 Web2.0 的资产。Web2.0 就是运用网络效应来建立面向用户的服务。很多公司常见的缺点就是没能善用信息数据中的网络效应。欧莱利指出，例如在电子邮件中就有很好的网络效应，但这类资源无人运用。另一个例子是信用卡公司，他们可以取得大量的信息来建立新的用户服务，比如电话智能通讯录，但是他们并没有这么做。一家名为 Weabe 的公司（欧莱利是其投资人之一），根据银行与信用卡所提供的信息来建立集体智慧服务。其实，银行与信用卡公司都可以做这类服务，但是他们都没做。

由于 Web2.0 和集体智慧的核心观点都是比较新的概念，人们该如何评价其对公司组织的战略价值呢？欧莱利指出，人们对 Web2.0 抱着不切实际的高标准："实际上，人们应该在恰当的情境下看待 Web2.0 和集体智慧。"它们并不是解决所有问题的万灵丹，集体智慧也有其缺点，比如集体愚昧、集体贪婪，等等。任何系统都有人搞破坏，但那并不意味着系统本身是不好的。例如，垃圾邮件的存在并不表示电子邮件不好。人们有时以为不完美的事就不算好。网络是一个活生生的系统，所以它也会像我们人一样生病，但它或多或少地趋向于自我治愈。

Web2.0的未来

欧莱利雷达网站对 Web2.0 的未来有何看法？从背景资料来看，2003 年，在欧莱利公司担任副总的网络先驱戴尔·多尔蒂自创 "Web2.0" 一词。2004 年，欧莱利公司举办了第一次 Web2.0 大会。可以说，Web2.0 这个词至今已存在了好几年了，尽管欧莱利公司所追踪的趋势远溯至网络刚刚兴起的 1991 年。

首先，就 Web2.0 的未来而言，欧莱利觉得以后会出现更多新的集体智慧的信息来源。他认为，大家即将组合的信息并不是刻意提供的，而是人们做其他事情自然而然产生的副产品。全球定位系统（GPS）或基站侦测到的定位信息就是一例。Jaiku 也是很棒的移动应用程序范例，它运用这些信息建立更加智能化的状态信息，并整合到用户手机的通讯录里。

第二，欧莱利认为公司会开发更多方法，从信息数据中提炼见解。公司会部署各种不同的感应器。例如，微软的人造立体影像计划就利用大量不同角度的照片，重建这些地点与实体的 3D 立体影像，这是集体智慧出人意料的一种应用。你曾想过把你拍的照片变成网络电脑影像系统的一部分吗？

第三，会出现更多脱离个人电脑模式的界面。人们在相互交流时不再使用网络，例如，要迅速搜寻某样东西，越来越多的人使用的不是网络，而是以手机发送短信的方式获取信息。

第四，欧莱利相信越来越多的人会释放信息。马克·何德伦在 2007 年 7 月 25 日的博客中提出这个想法，其标题是"把网络变成银行平台"。何德伦解释，开放应用程序界面（API）将网络视为平台，是让人们使用公司服务的好方法。

最后，点对点（P2P）网络仍然会是未来的主题之一。欧莱利认为，现在的 P2P 还是地下模式，但是会逐渐增强。由于它是传播网络内容的主要结构创新之一，所以未来会出现在越来越多的情境中。

欧莱利的角色与Web2.0的未来

为什么举办 Web2.0 高峰会和展览很重要？欧莱利以出版清晰明了的科技用书起家，他一直将著名设计师艾德温·斯劳斯伯格说过的话奉为圭臬："写作的技巧就在于营造出让人们思考的情境。"

欧莱利公司专门主办一些研讨会，当然他们做的不只这些，正如他们在网站上写着的："我们深信信息可以刺激创新。"欧莱利刚开始推动网络事业时，发现人们在意的是点子，而非商品，所以他经常散布关于未来的点子，然后销售相关的商品。欧莱利回忆："早在全世界只有数百个网站的时候，我们就已经意识到将来会发生革命性的变革，后来我们成了开放源代码的推广大使。"

把人们聚集起来是一个关键的方法，它可以塑造人们思考重要的事物的方式。欧莱利第一次举办 P2P 研讨会时（从多方面来看，这都可算是 Web2.0 的先驱），他们不仅以点对点文件分享的方式进行主题演讲，而且还以分散式运算与网络服务让人们大开眼界。他们力图在更为广阔的网络平台上进行文件分享，而不只是局限在狭隘的音乐设计与版权范围内。最终，他们得以在 Web2.0 的世界里将网络的概念定义为平台。

同样的，最近他们与颇受好评的《创造》（*Make*）杂志联合推出了"造物大展"（Maker Faire），那是科技玩家展示自己 DIY 各种玩意儿的展览。①杂志兼展览的创办人多尔蒂把 DIY 的类别加以扩大，以显示电脑黑客和手工艺者的共同特点。在玩家大展上，多尔蒂在一个棚子下举办"Swap-O-Rama-Rama"，这原本是纽约一位女性发起的活动，让大家交换衣服，然后当场用缝纫机、丝印等方式重新制作，最后则以一场时装秀画下当天的句号。与之隔壁的棚子里则是一群 Linux 技术玩家，他们用回收的电脑制造出靠柴油启动的超级电脑。多尔蒂赋予这些人以"造物者"（maker）的新身份。欧莱利解释道，公司的方式就在于运用模因工程（meme engineering），促使人们以不同的角度看待事物。他们一直在寻找重新分类的方式。写作技巧在于营造出让人们思考的情境，举办会议的技巧也是如此。

①造物大展是一个为期两天的展览，旨在展示民众创造的艺术品、手工艺品、工程设计、科技项目和 DIY 物件。它是专为富于创造力、足智多谋的人们举办的，这些人都喜欢组合摆弄东西，我们称之为"造物者"。参见 www.makerfaire.com。

THE ENTREPRENEURIAL LENS

第一步　创业观点

2007 年 10 月的 Web2.0 高峰会上，上台作汇报展示的男男女女们所代表的公司都有上千亿美元的市值。这些人大多在 21 世纪第一个十年还没过完时就已经跻身亿万富翁之列，其中有一位 22 岁的年轻人，他的公司刚入行三年，市值就高达 150 亿。他就是 Facebook 的创办人马克·扎克伯格，扎克伯格出席高峰会议时，打扮得很青春，身穿连帽 T 恤，脚踩人字拖鞋。虽然在接受采访时有点怯生生的，但谈及他在 Facebook 上建立所谓的"社交蓝图"（对个人很重要的社交人际关系图）时，他又是激情澎湃。后来，整场大会上不时有人把他的观点当成先见。

不过，他年纪轻轻就能作出过人的英明决策了。半年前，2007 年 5 月，当市场盛传雅虎将出价 10 亿收购 Facebook 时，《快速企业》（*Fast Company*）杂志评论道：

有人认为继续独立运营 Facebook 是个错误，马克·扎克伯格的大学生风格更加强了这种质疑。不到两年，两大 Web2.0 巨头都已经由大企业并购，一个是 Myspace 接受 5 亿 8 千万美元的出价，加入默多克的新闻集团（纽约证交所代码：NWS），另一个则是 Youtube 被纳入了 Google 的麾下。无疑，聪明的创业家碰到这种千载难逢的交易时，一定都会立刻把握良机。

六个月还真能带来天壤之别的变化。2007 年 10 月举办 Web2.0 高峰会时，微软已经急着要来分一杯羹，以 2.4 亿美元的高价购得 Facebook1.6%的股份，令 Facebook 的市价一举突破 150 亿美元。新虚拟市场上究竟在发生些什么？

Web2.0和新虚拟市场

近十年来，一些原本毫不起眼的人名与公司名都晋升名人与名企业之列。几年前，这些亿万富翁还只是大学和研究所里的莘莘学子，或者是像戴波特一样窝在办公室隔间里的上班族。

这究竟是新时代来临，还是千禧年的泡沫再现？《纽约时报》中一篇对 Web2.0 高峰会的报导特别提到了 Web2.0 公司都涌入了大量的资金。摩根斯坦利的投资银行家玛丽·米克也在高峰会上表示："备受瞩目的 Web2.0 趋势相当诱人。"思科的董事长兼 CEO 约翰·思科则预测，Web2.0、社交网络与网上合作将会掀起新的生产力暴增风潮。

事实上，新虚拟市场已上升到前沿阵地。以往投资失败的记忆早已消失在今天投资者的脑海之中，冲击已经过去，现在是时候东山再起了。引领新虚拟市场的旗手就是 Google。Google 诞生于网络泡沫时期，当时它抑制住吸收热钱的冲动，坚持稳打稳扎，因而塑造出庞大的企业。Google 的核心就是一个极具潜力的完善的商业模型。

2001 年初网络泡沫破灭之后，网络界开始走下坡路，融资变得尤其困难。当初人们津津乐道的"现金消耗率"和"吸引眼球"，后来都变得臭名昭著。但还是有一些网络界人士继续耕耘，顶尖的电脑书出版商欧莱利就是其中之一。2005 年，他决定组织举办一次研讨会，以打破网络泡沫化以来的惨淡氛围。由于他的公司自创了 Web2.0 一词，所以他将研讨会取名为 Web2.0 高峰会。Web2.0 象征着与第一代网络在实质和心理上的区别，它代表很多事物，但主要是凸显了网络从阅读到参与、从思考到行动、从个人到社群、从沉思到互动的转变。欧莱利于 2005 年举办的 Web2.0 高峰会引领了网络业的复兴。

此后的高峰会规模日益壮大，到最后变成了大家都希望获邀的、群星云集的盛会。在为期三天的演讲与小组讨论中，全球网络界的名人，从年轻的骄子到年长的专家，都一一登场。这是圈内人的盛会，大家用行话谈论哪些东西正热门，哪些已经过时，哪些大受欢迎，哪些无人问津，行话和专业术语此起彼伏。

由于高峰会的风格比较随意，所以人们不易从中透视其丰硕成果。多数演讲者都会个别或集体地接受采访，在访问者的引导下，他们通常都会坦陈自己的见解，或清楚地回绝特定的问题。研讨会主持人欧莱利与约翰·贝特勒的采访糅合了夜间脱口秀主持人与拉里·金的风格，又由于他们是业内人士，所以他们的提问往往深中肯綮且恰当得体。

Web 高峰会的演讲者是从后台现身，他们大多无意与台下众人谈笑，讲完之后，他们就像脱口秀主持人莱特曼或雷诺所访问的来宾一样，再次消失，回到后台。

如前所述，Facebook 是高峰会上最受推崇的 Web2.0 公司，这个社交网站在几个月前才开放应用软件的开发，而这正是其关键的转折点，此后，Facebook 的用户激增。另一个让 Facebook 在高峰会上备受瞩目的原因就是，现场有很多来宾都是业内人士，都是因 Facebook 而受惠的开发商。研讨会上也特别介绍了几家放弃自己的公司网站、转而为 Facebook 设计独家应用程序而成功的公司（例如 iLike）。这种共生共荣反映了 Web2.0 的理念：开放胜于封闭，合作胜于自立，留点甜头与人共享，不要独吞独占。

Web2.0高峰会与创业家

高峰会给人的感觉是一切都是崭新的、前沿的，大家一起探索前人从未走过的地方。虽然探险的版图是未知的，但大家有足够的装备来纵横其中。

就我看来，充分理解新虚拟市场的最好方法，就是引入一个创业模式来加以说明。将许多创业知识套用到 Web2.0，可以大大提升我们对新虚拟市场的了解。

纵览 Web2.0 高峰会及其重要人物的见解，有一点令人不解，那就是大家只从表面提及创业概念，但却没有提出一个全面的框架结构。之所以如此，一部分原因可能是科技日新月异，大家都忙着往前看，而没人会考虑在已经尝试过并且真实有效的原则基础上建立一个分析性的框架。这多半是大家只关注科技进步，而忽略了传统"分析框架"的结果。相反的，我认为，科技虽然是新的，但分析工具却是老的。以下是 Web2.0 高峰会上提过、但还应该得到更充分探讨的五个创业概念。

第一，大家谈及科技对市场的影响，但却没有谈到创业的环境。尤其是，很多演讲者谈到 Web2.0 世界的创新，提到克莱顿·克里斯滕森掀起的流行语"破坏性科技"，但实际上，科技创新的破坏性这个概念最早是由人称创业之父之一的奥地利经济学家约瑟夫·熊彼特提出的。他的主要贡献就是把创业精神作为经济动力来分析，并称之为"创造性破坏"。（进一步的讨论请参见第二步"创新的经典见解"）。

第二，创新是高峰会中大家时常引用的热门词汇。福克斯（Fox Corp.）的亿万富豪罗伯特·默多克强调："硅谷是创新世界的中心。"默多克并购了总部位于洛杉矶的 MySpace，使他在加州有了据点。他表示，他的目的在于更加贴近硅谷的创意先锋（这解释了罗伯特·默多克并购 MySpace 的动机，当时的 5.8 亿美元似乎高得离谱，但讽刺的是，2007 年 Web2.0 高峰会时，谣传 MySpace 的身价已达到最初买价的 20 倍）。同样的，Google 的董事长则赞扬了 Google 创办人对科技的卓越追求、敏锐的危机意识和创建卓越团队的努力。接着，他道出演说的重点："在 Google，创新是我们做一切事情的活力源泉。"

令人意外的是，这场涉及创新的演说并未提到创业观点，但那其实是非常必要的。创业精神是创新的核心，正如创新是创业精神的核心一样。我们在第二步骤中会深入讨论这个概念。

创业精神的第三个关键要素是组织的生命周期，要让企业屹立不倒，Web2.0 公司的企业家们就必须了解这一点。遗憾的是，这一点也未在高峰会中提及。生命周期背后的原则是，创业组织必须时时应变，否则就会濒临毁灭。讲得更白一些就是，有些公司最后变成了恐龙，有些公司则是随机应变的变色龙。美国三大电视网络之一的 CBS 就是一例。网络的出现迅速打散了电视台的原始观众群，那么，这个曾经垄断美国千家万户电视频道的传统电视台如何因应来巩固市场呢？CBS 互动公司的帕特里克·基恩解释道，CBS 采取一种与众不同的模式让观众们可以在网上收看电视节目。CBS 依然可以制作成本高昂的高品质节目，例如在全球拥有广大影迷的《CSI：迈阿密》。但在网络上，CBS 则制作更短的片段向新观众群播放，吸引他们到电视上去收看全集，从而巧妙地把网络流量转变成了收视率。CBS 公司还发现，网络流量变幻无常，与其把网络流量引入公司网站，不如主动进攻网络流量的聚集地。这就是为什么 CBS 在 Facebook 上挂有五个应用程序。简言之，尽管面对着成熟的网络组织，CBS 仍然保留了其创业文化。顶尖创业顾问拉瑞·法罗尔指出，组织的生命周期分成四个阶段：新创期、高速成长期、高原稳定期和衰退期。

组织的生命周期

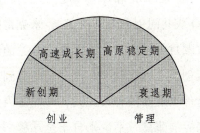

资料来源：拉瑞·法罗尔《创业精神！》

组织的关键在于维持创业文化与持续成长。因此，较大的企业必须运用策略维持成长。

第四个原则是研讨会上大家无意间一再提及的：以顾客为核心的重要性。Web2.0 环境的本质就是顾客导向或用户导向，包括吸引顾客参与、由用户提供内容、便于用户使用，等等。由于提供了广泛的选择和冲浪功能，网络已经成为顾客导向不可或缺的要素。如果不讨好用户，公司就无法长期运营。相反，提供用户想要的东西，公司就会因为访客流量猛增而受益匪浅。国际知名的创业专家法罗尔写道："所有创业者都必须持有的关键看法是：清楚地了解究竟是哪些顾客群需要并愿意购买特定的产品和服务。对创业者来说，没有比这更基本的了。"法罗尔解释道，成功的创业者几乎都兼具"商品专家"与"顾客专家"的特质。他叙述了沃尔特·迪士尼的故事,称其为"娱乐业史上最杰出的商品创造者"。法罗尔得出结论:"因此,秘诀在于变成对你的商品和顾客充满热情的专家。毕竟,他们是企业运营中最重要的两项要素。"

第五个原则反映了创业精神是世界上最好的平等机制,因为任何人,不论背景如何,都有机会创业。这一点在高峰会上表现得相当明显,从而也间接证明了网络的国际魅力及其精英特质,高峰会中有许多移居硅谷的加拿大和印度移民。来自斯堪的纳维亚的Stardoll.com 的 CEO 兼共同创办人马提亚斯·米克奇因其新创事业蓬勃发展而成为众人瞩目的焦点。此外,来自芬兰的诺基亚也受到瞩目,另一位阿根廷创业家的成就也在研讨会中得到了肯定。全球网络界的群英聚会这件事反而没有人提到,可能是因为这一点太平常了。网络跨越了国界的藩篱,不论来自于全球哪一个角落,最有效的科技或产品都借由网络赢得了市场霸权。

创业流程

诚如前面的例子所示,想要完整地了解 Web2.0 公司现象,就必须具备创业观点。为了解释创业观点,我借用最近我刚采访过的顶尖创业学教授杰夫·提蒙斯的见解来加以说明。提蒙斯在麻省卫斯理市的巴布森大学教授创业学,是创业教育界的先驱。提蒙斯把创业精神定义成"一种追求机会、完善方法、平衡领导力的思考、推理和行动。"凡是以这种方式思考的人都会看出别人看不见的机会。

具有创业精神的人如何掌握创业流程呢?提蒙斯表示:"流程

的核心是创造或认出机会，然后再以意志力与积极行动把握机会。"
在他看来，认出机会却不采取积极行动，就好像只有两只脚的三脚
架一样。创业流程是一种让有创业精神的人评估风险、区分创意与
可行机会、集合资源以追求市场利基的方法。

确切地说，创业流程包含哪些呢？一般而言，比较可能成功的
企业模式是：（1）机会导向；（2）具有创造性、节约资源；（2）由
创业领导者和创业团队引导；（4）对以上要素的平衡掌握；（5）有
适配的机遇；（6）具有整合性和全面性。

首先，创业流程从把握机遇开始，而不是从筹措资金、制定策
略、建立网络、组建团队或者策划企划案开始。说白一点就是，除
非先找到合适的机会从而决定一个有效的起点，否则一切都免谈。
机会出现之后还需要获得投资人的支持，而机会的规模大小将决定
资源的需求量、团队的性质和必要的策略。可惜的是，绝大多数的
机会都没能够吸引资金的赞助。

掌握最初的机会之后，创业流程就必须以"节约和创造"的方
式控制资源。共用办公空间和设备、以公司一小部分股份换取顾问
的建议、以候补机位的方式出差、自己设计商标等等，这些都是节
约现金开支的办法。当然，金钱是必要的资源，但还应该有信息来
源、专业顾问、多种业界关系等加以补充。

缺乏经验的创业新手常常误以为没钱就无法办事。提蒙斯说
道："如果你在大街上随便找一百个人问他们'要赚钱必须先有
钱吗？'，他们多半都会说'是的！'"。他观察到，"大部分人以为
有钱的创业者比没钱的创业者更可能成功，但其实完全可以打破
这种迷思，因为实践证明那是错误的，而且错得离谱。应该让人
们看看那些仅用一美元就创下数亿身价企业的案例。这样的案例比
比皆是。"

提蒙斯发现"金钱是创业最重要的元素"这种误解太过普遍，所以把它列为"创业十五大迷思"之一。他见证过许多机会其实并不需要资金才能成功，相反，有很多创业是通过创造性地运用所有资源（这些资源可能包含资金，但绝不仅限于资金）取得了巨大的成功。换句话说，获取资金并不是创业的唯一关键。

考虑前两大要素（把握机会、节约和创造）之后，创业流程的第三大要素就是组建团队。优秀的创业领导者也许可以靠自己单打独斗来获得某种成功，但这并不足以建立一个持续成长的企业。只有一个领导者的公司就好像商业性教派一样，一旦领导者离开，这个名存实亡的公司就会分崩离析。显然，这并不是投资者想要的优良组织。

因此，创业的一大要务就是展现公司具有一个引领大家应对各种情况并取代竞争对手的团队和系统。正如俗话所说的，一流的团队搭配二流的点子，与二流的团队搭配一流的点子，两相比较，投资人更喜欢前者。一流的团队会想方设法推动事业、克服环境或方向突然改变所带来的挑战。

第四，企业必须在机会、资源、团队等关键要素之间迅速达到平衡，并决定每个要素在整体大局中的位置。例如，一个天大的机会如果得不到足够的资源，企业就很可能以失败告终。同样的，如果一个小机会却配以一个大团队，就容易发生各级别成员间的分歧。所以，创业者需要维持三大要素之间的平衡。

第五，那么，什么是"适配"？提蒙斯用这个问题来加以回答："这是一个绝佳的机会，不过是对谁而言呢？"只有当机会、资源和团队与特定的环境适配，创业流程才可能成功。只有具备了相当的专长，才有可能开发机会。因此，一个国家的投资者可能会放弃在新兴国家（比如中国）的机会，因为他们对当地的投资环境并不熟悉。机会可能很好，但是对团队和资源来说不相适配。

最后，创业者推动流程的方法必须是"具有整合性和全面性"的。创业者必须整合各个要素来决定如何寻求机会。例如，外部环境中可能存在一些模糊性和不确定性，而同时，内部决策也会影响企业：公司需要资金，所以需要符合投资人的要求和期望。在诸多考虑和不确定因素下，创业者必须善用领导力、创造力和沟通技巧。此外，提蒙斯也强调，创业者必须以全面周到的方式做到这一点：尤其是，创业者必须后退一步，综合各种要素对每一个机会做出评估。提蒙斯指出："这种整合性、全面性的平衡是创业流程的核心，使你更有可能成功。"

以上对创业流程的一般性介绍，为后面讨论"大众授权创业家"或"大众创业家"提供了一个框架。

大众创业家的兴起

大众力量常常被当做有趣的新鲜事物，一种用来吸引网站流量或引诱外人慷慨相助的实验方法。我们正处于大众力量兴起的初期，大众力量还是"小荷才露尖尖角"的时候，还有很大的潜力有待挖掘，目前成功开发大众力量的案例还相对较少。

因此，问题在于创业者如何有效切入这一市场？大众力量会让企业获得哪些利益？我在前言中提到过，我比较喜欢使用"大众创业家"一词，其定义是"大众授权的创业家"，更进一步的解释就是：以集体智慧、集体协作、大众外包等多种网络大众授权形式创业的个人或组织。

换句话说，大众创业家是把创业原则套用到 Web2.0 这一新合作领域的简称。

那么，我们如何从实践的意义上去理解大众创业家所扮演的角色呢？本书的焦点并不在于界定概念或深入探讨潜在的趋势，而是在于探讨创业家如何评估目前的网络环境，以判断其中是否有值得投入的机会。

我在前面的内容中讨论了大众力量的种类，包括"大众威力"、最热门的"大众外包"，等等。评论者与博主们对这些用语各有不同的定义。虽然杰夫·豪已经为大众外包下过定义，但其他评论者的说法和他的原初概念有所不同。例如，有一个博主提出，大众外包公司无非就是"处理以前由已成立的实体公司执行的任务"。我无意争论大众外包的确切定义是什么，那是杰夫·豪应该下的定义，我只是从创业的最终目标来关注各种类型的大众力量，这也是本书的焦点所在。这种方式与大众创业家的定义息息相关，因为大众创业家在创业时借助的就是大众的力量。

我会在传统企业战略规划的范围内说明大众创业家的角色。战略规划就是理性的商业思维，是一种围绕着公司目标组织思考的方式。战略规划有三个主要的阶段：（1）构想；（2）执行；（3）评估。构想期的起点决定了公司的远见和使命；远见驱动着"我们想要变成什么"，使命则与"公司如何运营"相关，在此条件下，我们可以决定大众力量的重要性。

大众力量是公司的关键要素之一吗？如果是，大众力量很可能是商业模式的核心，也是战略规划流程的核心。公司的目标是创造收益以维持运营和实现其他目标。为了达成使命，公司会首先提出目标，然后再通过战略落实目标。如果大众力量是商业模式的核心，那么核心战略就和大众力量相关。公司会使用多种工具（涉及公司所有部门）来执行战略。因此，如果核心战略包括了开发大众力量，那么公司各个部门（例如市场行销部）就要利用大众外包来实现目标。

大众创业方法的关键要点之一，就是将公司的行动与使命或者特定的结果联系起来，于是在这种意义上，大众外包就变成了一种战略。然而另一方面，如果公司只是出于整合目的而把运用大众力量当成一种新鲜有趣的概念，那么大众外包就只是执行的工具而已，可能就不会那么有效。

我们可以结合公司的内部目标来理解大众外包，大众外包可以是核心战略，也可以是某个或多个战略的执行工具。因此，“大众创业公司”是以大众外包作为核心战略的公司，其他公司则只是把大众外包的概念当成战略工具，整体而言并不算是大众创业。简单地说，如果对大众力量的运用并没有和公司的商业模式挂钩，那么大众外包就只是个有趣的概念而已，是一个理论上的创意，但不是一个可行的商业战略。

我认为，大众创业战略可以运用于战略规划的两个阶段：（1）战略构想；（2）战略执行。

首先，将大众授权的工具应用于战略构想阶段，亦即以掌握趋势的方式检视和理解企业内外部环境的阶段。与大众相关的工具在某种程度上关注了消费者（亦即大众）的回馈反应，所以是“构想”阶段的一部分。大众的意见可以帮助公司建立长期目标和年度目标。从本质上来说，大众引出了这样一个问题：“公司希望达成什么？”然后是“我们如何达成这些目标”，这就需要公司通过战略来达成。一旦形成了构想，公司就进入执行阶段。在这一阶段，公司要实践大众所提出的目标，集合公司的资源来执行所选择的战略。一旦在战略构想中出现了大众创业的方法，那么大众创业就变成了公司商业模式的核心要件（换句话说，公司要依赖大众来获取收益）。

但是，如果公司想要自己围绕着大众授权的产品或服务而自行创造呢？让我们假设一个公司想为"公民记者"开发一种新闻搜集系统，让民众每天根据公司设定的参数写自己的新闻报道，而公司的核心业务就在于在网上开发和发布新闻。于是，公司的目标可能是为热衷于奉献新闻的用户创造出一个充满活力并不断成长的网络社群，至于创造收益的方式则稍后再决定。由于这家公司的战略是让大众授权的模式有效，所以执行战略所需的工具必然要做到有利于建立社群、使网站大受欢迎、便于用户使用、可以激励用户，等等。大众授权的公民新闻网站 Nowpublic 就是一例。

大众创业的第二个方面就是作为执行战略的工具来应用。这一类公司不依赖大众的意见，只是使用大众力量帮忙执行战略。

举一个实用的例子，一家制鞋公司的目标是增加鞋子的销量，其长期目标可能是希望在未来的五年内达到 1 000 万元的销售额，其明年的目标可能是达到 150 万元的销售额。为此，制鞋公司可以采取一种或多种战略，例如市场渗透、市场开放、产品开发，等等。假设公司想要开发市场，把鞋子卖到原本买不到或者没听过其产品的新市场，那么执行这些战略的工具可以是针对新市场的消费群开办一个网站，也可以是在大众外包模型的基础上建立网站，这对顾客来说比较有吸引力，而且互动性高，因此，大众外包式网站是执行网络战略时比较有用的工具，可以产生更多的业绩。此外，根据互动性质的不同（比如针对公司产品、市场战略、扩张计划等各个不同方面进行的意见反馈），信息不仅有助于执行特定的战略（比如建立有利于提高销量的网站），而且有助于公司进行战略规划。在前面的情境中，大众外包就不仅是一种使特定战略更加有效的工具，而且来自顾客的意见也有助于改进或激发公司未来的战略。像这种创新的制鞋公司真的存在，它就是弗鲁瓦格鞋业。

当然，根据前面提出的大众创业定义，很多公司并不属于大众创业公司，虽然它们被视为运用了各种大众力量。例如，Google 和亚马逊是大众创业公司吗？不是。它们是大众外包公司吗？是。Google 的确利用了搜索的运算法则，根据大家点击网站的偏好来提供搜索结果。对大众反馈的运用让 Google 的战略之一得以有效实现：成为搜索市场上的主导力量。Google 可以被看成是全球顶尖的大众外包公司，但是，却很难把它说成是大众创业公司，因为它主要是通过搜索引擎和目标广告来获得成功的。不过，Google 仍然具有非常引人注目的商业模式，它整合了大众的反馈，并在此意义上采用了大众创业的某些原则。同样的，亚马逊根据消费者的推荐，为其他消费者提供建议。他们从大众那里取得基本的消费者信息，但却没有让大众直接参与进来。在这方面，亚马逊和Google 属于同一个阵营：他们都有效运用了大众力量，但骨子里并不是大众创业公司。

作为大众创业家在新虚拟市场上获胜

大众创业方法是"大众"聊天的自然进化版本，因为它涉及聊天过程中的千差万别，融合了将人们在网络上连接起来的新奇感。大众创业方法着重于大众力量的一个方面：公司要达成什么商业目标？在这里，我是根据最终目标的价值来界定大众授权的战略。

创业家应该根据公司及其目标来评估创业战略的价值。大众创业战略是什么？是公司战略规划流程的核心部分还是非核心部分？

从人们最近对 Web2.0 公司的兴趣，以及这些公司普遍获得好评可以看出，人们对运用大众的潜力越来越着迷。每个人都约略知道大众力量是可行而且有利可图的，但随之而来的挑战则是如何将这一想法落实。实际上，一些公司之所以能从 Web2.0 热潮中受惠并让股东得到回报，是因为他们拥有庞大的会员和访客基础，而不是因为他们有创造盈利的能力。

正如前面说过的，大众创业是大众授权和创业精神的融合，因此本书的五个步骤流程遵循了将任何一种创业机会应用于 Web2.0 和大众授权战略的标准方法。这五个步骤是：(1) 你的公司必须采用创业观点（这是规划创业方法的架构）；(2) 你的公司必须以创新作为衡量机会的标准；(3) 你必须对机会做出可行性分析；(4) 你必须规划出一个有效的商业模式；(5) 你必须筹划如何为你的公司融资。按照这些步骤创业，可以提高你在新虚拟市场中获胜的几率。

回顾步骤一

✲ Web2.0 的发展重新定义了网络，不论是小型新兴公司还是大型跨国公司，都进行了翻新。

✲ 在硅谷举办的一年一度的 Web2.0 高峰会发布了 Web2.0 的最新信息。

✲ 目前的 Web2.0 讨论尚未涉及创业框架，因而无法对之进行分析。

✲ 创业架构包含五个方面，有助于大家更了解 Web2.0：

   ☞ 破坏性科技

   ☞ 创新的本质

☞ 组织的生命周期

☞ 以顾客/产品为核心

☞ 平等效应

✽ 大众创业家是在战略规划模型中关注运用大众力量的人，在追求公司目标时，运用大众力量可能是核心战略，也可能是执行战略时的一个辅助工具。

✽ 作为大众创业家，在新虚拟市场上获胜的关键就在于执行大众创业的五个步骤，在新事业的成功成长过程和融资过程中达到鼎盛。

寒武纪工作室与大众创业法

　　这篇公司描写只是对寒武纪工作室作一个简要介绍，公司的各个方面及其运营情况则收录于对其创始人迈克·西科斯基的专访中（本书第152页，并散见于本书各章节之中）。

　　西科斯基是一位长着尖尖脑袋、两眼炯炯有神的商业改革者，他在Web2.0领域尤其是运用大众外包方面更是业界先驱。在2007年3月的一次高科技大会的研讨会上，我和他第一次相识。西科斯基以他惯有的连珠炮风格做演讲，这种演讲方式让他在数次投资大会上都获得最佳殊荣。他在加拿大艾伯塔省的卡加利成立了一家专业大众外包公司，在全球业界独领风骚。

　　西科斯基的公司寒武纪工作室（www.cambrianhouse.com）毫无疑问是当今市场上顶尖的大众创业公司。其事业核心就是大众力量，没有大众的参与，公司就不会存在。更重要的是，他们并不是把大众力量视为企业的附属品（如降低研发成本），而是将焦点放在开发并应用可行的商业模式。寒武纪工作室是Web2.0世界中首屈一指的大众创业公司。

　　2005年底，西科斯基开始为创业筹措资金。当时虽然还没有发明"大众外包"这个词，但"大众智慧"的概念已经日渐流行。他决定借用"寒武纪大爆炸"①一词为公司命名，由此公司得名"寒武

---

　　① 这是指在地球寒武纪时期的短短两百万年间，生物飞跃进化，大量高等生物出现，物种种类也大量增加。

纪工作室"。西科斯基以这个古生物学概念来指"大众智慧"。贝佐斯把网络的蓬勃发展比喻为寒武纪大爆炸，因为那段演化期间诞生与灭绝的物种比其他时期都多。至于寒武纪工作室（Cambrian House）中的 House 一词则建基于一种财务原则，亦即历经寒武纪留存下来的一种方法。换句话说，软件公司大都很相似，因为各种各样的发明诞生之后，凡是无法生存的最终都会遭到淘汰。寒武纪工作室的目标是"运用大众智慧找出最佳的商业创意，并完善这些创意以使其大规模地传播"。西科斯基表示，社会中有一些创业新手，他们往往缺乏资金或人脉，因而无法开发或行销他们的创意。寒武纪工作室的计划就是把这些人联合起来，一起创造和行销创意，共享利润。

寒武纪工作室最初采用的用语是"参与架构"，他们解释那个用语"后来变成 Web2.0 的关键要素之一，描述了公司、技术以及专门为开放文化和开放经济设计的项目的集合"。几个月后，杰夫·豪创造了"大众外包"一词，寒武纪工作室发现这将成为未来的流行语，于是就改用'大众外包软件'这一用语。西科斯基把自己的未来和公司都押在这波大众外包的浪潮之上。公司解释道："我们觉得寒武纪工作室很适合把握这股浪潮，到目前为止，我们还不知道有哪些公司想来抢占地盘、分一杯羹，但我们希望我们是第一个抢进商业大众外包软件界的公司，也是其中最优秀的公司。"这就是寒武纪工作室早期的转折点：发现"大众外包"一词并随之调整，他们称之为"快速跳起来抓住机会"。

寒武纪工作室预言"大众外包是商业生态发展的基本前景"，这更像是一种声明或宣言，而不是预言。寒武纪工作室的使命是建立一个平台，"让大家与企业掌握大众的智慧和参与，以利于商业发展"。诚如第一步骤所述，大众创业公司既可以把运用大众力量当做核心战略，也可以当做执行工具。在寒武纪工作室里，运用大众力量正是其事业的核心。

寒武纪工作室把自己定位在大众外包商业应用的最前线，他们形容公司是"为一群才艺与兴趣多元化的人设立的家园，让他们齐聚一堂，创造和行销世界想要的商品，并从中分享利润"。在公司网站上这样写道：

> 很多人有很棒的创意，但他们苦于缺乏资金和人脉，因而无法开发或行销创意。全球各地有数百万人拥有骄人的才干，却不得不做着领取时薪的工作，很多人甚至没有机会发挥他们的真才实学和兴趣。寒武纪工作室的目的就是集合这些人才，让他们有能力制造和行销他们的创意并从中分享利润。总而言之，寒武纪工作室正在为商业运作模式带来新的变革！

6月26日，寒武纪工作室上网运作，十天内就掀起巨大反响：1 126名社群会员得以募集，每天平均新增100名会员，403名会员提出创意，吸引访客59 000多人次（每天6 000人次），浏览页面数多达182 000页。

产品供应和解决方案

寒武纪工作室的执行摘要写道：公司的产品是为大家提供一个平台来创业，个人可以提出创意，在社群中推销。大家可以启动一个项目，做广告、分配任务以及管理项目。接着，大家可以在寒武纪工作室的平台上架设网站。当其他社群成员参与时，他们可以用股权或金钱和其他成员交换服务。成员付给寒武纪工作室的费用则视创业是否成功而定。最后，成员可能有机会通过内部公开发行论坛，为事业筹措小额资金。至于社群中那个项目能否获得支援，则由大众力量决定。这就是寒武纪工作室的最初计划，如今，其运作方法大体上维持不变，只不过有些流程的细节不时有所调整。

任何一个有赖于大众参与的网站都面临着挑战，其中之一就是如何激励大众持续参与。寒武纪工作室的定位本身可以吸引两大族群。首先，该网站寻找的是有创意但是因为缺乏资金和其他资源而无法使其商业化的"创业者"。其次，网站需要愿意参股以期获得回报的"创业参与者"。当然，这两个族群都必须受到激励来参与，网站才会成功。为此，寒武纪工作室以美元和认可为基础设计了一种商业表。在网站上有所贡献者都可以收到以"Cambros"（寒武纪工作室的货币单位，1Cambro=1 美元）计价的酬劳，此外，寒武纪工作室也会赠送"荣誉点数"给积极的会员，以鼓励他们提出创意、投票、创业或在论坛中发表意见。

社群拥有

西科斯基想处理的议题之一，就是让会员拥有一些公司的实际股权。他意识到网上社群与用户自创内容的问题在于，会员无法分享商业上的获利，但他们所提供的内容和忠诚却是公司盈利的来源。2007 年 4 月 17 日，寒武纪工作室推出了"社群拥有"计划，把公司 1% 的盈利和 1% 的股权拿出来与会员分享，成为第一家和网上社群分享股权和盈利的 Web2.0 公司。会员在注册时接受"会员股份"，公司就会为会员配置股份。会员接受股份后就变成合作组织的一员，受会员委员会的管理。委员会在年度合作大会上决定如何直接给积极会员分配股份和金钱，并决定如何对寒武纪工作室的运营进行投资。

寒武纪工作室的部门

寒武纪工作室有四个部门。第一是取得创意与规范外包行为的寒武纪工作室平台。公司把它设为独立部门，因为它是潜在的获利中心。其他三个部门虽然源于寒武纪工作室平台，但却提供各不相同的产品和盈利：Gwabs 提供电子游戏，Prezzle 提供网上礼品包装服务，greedyorneedy.com 的前身则是罗宾汉基金。

部门一：寒武纪工作室平台

创立以来，寒武纪工作室的主要价值就是创造和发展其操作平台，从而使大众外包得以运作。公司根据大众反馈的意见不断改善平台，现在已经从 CH1.0 升级到了 CH2.0。不过，迄今为止还未出现重大的突破。2007 年 7 月年度会员大会之后，寒武纪工作室宣布他们正在研发 CH3.0，开始涉及"大众外包操作系统"（公司称之为"Chaordix"），旨在建立可供大众奠定基础、建立社群、与其他大众分享或合作的大众外包操作系统。公司将大众比喻成曼哈顿的建筑群，大家都是分享和创造知识的工作者，并将商业融入所做的一切事务当中。一年多来，寒武纪工作室建立的领先地位已经引起了其他业者的兴趣，他们也想开发大众外包的应用程序。寒武纪工作室表示："我们已经与 Beta①网络合作，他们确认自己有兴趣成为第一批大众。"公司的目的是让 CH3.0 创造"人人皆知"操作系统，"让个人和公司可以创造、分享、收集大众智慧，并从中创造收益。" CH3.0 的目的是要创造一个支持生产力与创新的生态系

---

① 测试第二版。在软件领域，"Beta"是指一种新应用程序或者软件在正式投放市场之前，在测试阶段推出的第二个版本。

统，成为知识工作者展现专业形象以及新老大众都能立足的地方。除了从社群中延伸出去的特定产品外，CH3.0 也将变成寒武纪工作室的另一个营收来源。

部门二：Prezzle

寒武纪工作室推出的第二个工程就是"Prezzle"（www.prezzle.com），这是一个虚拟的互动礼盒，它把礼券（比如亚马逊的礼券）包装在电子邮件寄送的包裹中。2006 年 3 月，公司开发并测试了第一版程序，然后于 2006 年 4 月推出。Prezzle 是这样运作的：在该流程中，顾客只需要做三个简单的步骤。第一，在"包装站"挑选一种 Prezzle。第二，从特定的零售商的清单中挑选要寄的礼券（例如亚马逊、iTune 等）。最后，定做发给收件人的贺卡，配上个人信息、礼物暗示、开启日期，做好之后，顾客只要用 Paypal 付款系统结账即可。收件人会收到内附链接的电子邮件，点击链接即可连到虚拟的互动礼盒。

Prezzle 是只处理网上礼券的网上服务，它并不处理第三方的实体礼品。和那些已经变成间谍软件和垃圾邮件的"免费"电子贺卡不同，Prezzle 真正地服务于个人，使他们以自己的风格使用网上礼券。Prezzle 的目标是为寄件者和收件者提供奇妙的体验，以赚取顾客的忠诚度。Prezzle 不需要任何软件，因为它使用的是网上的 Macromedia Flash 技术。人们只要有网络浏览器和电子邮件地址就可以发送和接收 Prezzle。目前，Prezzle 只能包装礼券，还不能包装实体商品。

部门三：罗宾汉基金（贪婪还是急需）

寒武纪工作室推出的第三个工程整合了成功的大众外包网站所需的许多功能。2006 年 7 月，寒武纪工作室开始开发"世界上第一个 Web2.0 许愿池"这个概念，在所建立的新网站上，个人可以许愿，然后由大众投票来决定哪些愿望是应该实现的。该网站一开始命名为罗宾汉基金，如今则改成 www.greedyorneedy.com，让大众捐助一定的资金来帮助个人实现愿望。最近贴出的百元愿望包括"偿还所欠房租和车贷"、"做一个纪念儿子的花圈"，等等。正如网站上所言："这是一个使一般人的一般愿望得以实现的机会，向全世界说出你的愿望，它或许就会实现。"

网站还解释了如何参与"贪婪还是急需"。个人加入后即可使用网站上的所有功能，接着他们可以许愿：许愿完全免费。会员可以加入社群、交友、传送信息、参与调查游戏、推销他们最想实现的愿望。他们可以为想支持的愿望评分，或直接以 Paypal 捐款赞助别人的愿望。

每个被提交的愿望都会和其他愿望相比较，从而根据用户们的评论被归类为"贪婪"或"急需"。用户可以直接通过浏览表示对愿望的支持，不过，他们也可以在浏览愿望时进行评分，以便告知别人哪些愿望比较有吸引力，哪些愿望不值得理会。得票最高的愿望即可实现。网站会联络得票数最高的参加者，给他们资金。

这个网站的概念非常简单，并且具备了一个成功的大众外包网站所需的所有关键要素。在这里，大众决定一切，个人只要把自己的愿望提交出来，网络社群就会决定是否帮其实现愿望。每一类别中得票数最多的愿望会收到最多的基金，赢家是通过用户网上投票选出来的，用户可以用一到五颗星为愿望评分（没有零颗星），每周结束时，积分最高的愿望获胜。如果评论者觉得某个愿望不应该获得社群的持续支持，他们就可以投反对票，促使其他人跳过这个愿望。有趣的是，每个人投票的价值是不相同的。每个人参与该网站的频率影响着他或她的投票分量：充分参与（100%参与）的人的投票价值是参与度为0%的人的两倍。个人参与的活动越多，比如为愿望评分、参加民意调查、发表评论，等等，其网站参与度就越高，每个人都有一份参与度量表。而且，不论个人的愿望能否实现，每个人都可以直接通过Paypal接受资助来实现自己的愿望。

部门四：Gwabs

寒武纪工作室平台推出的第四个部门是Gwabs电子游戏（www.gwabs.com）。Gwabs是第一个桌面对桌面的战斗游戏，你可以实时上网和你的朋友进行战斗。游戏参与者运用"技巧、武器和智慧在Gwabs vs. Gwabs的战斗中求生"。玩家可以通过战斗管理入口，挑战朋友或Gwabs社群的成员，累积分数，提升自己在全球排行榜上的排名，成为最强大、最受推崇的Gwabs战士。玩家可以自行挑选独特的颜色和刺青来定制人物造型，还可以从十几种武器中为人物挑选配备，例如宝剑、双节棍或金属棒等等。此外，他们也可以通过Skype界面，在交战时和对手交谈喊话，随时对Gwabs世界里的人物下战书，马上进行桌面对桌面的战斗游戏。游戏的目的是打败对手，三局两胜即赢得战斗，每场游戏的时间是一分钟，或是玩到游戏人物耗尽生命为止。

这个游戏的利基在于，它让那些想发泄精力但又没有时间玩复杂游戏的人，可以迅速来一场充满火爆动作的游戏。自网站开设以来，寒武纪工作室已经接到了不少预订单。

寒武纪工作室还计划开发更大规模的 Gwabs。2007 年 8 月，HotHead Games 邀请寒武纪工作室到温哥华和水虎鱼工作室 (Piranha Studios) 及原子卡通公司 (Atomic Cartoom) 会面，旨在和专业电子游戏开发商及荣获双子星奖的卡通制作公司合作，一起开发 Gwabs, Gwabs 团队的三位成员将和水虎鱼工作室一起开发完整的封闭测试版。

OPPORTUNITIES THROUGH INNOVATION

INNOVATION

第二步　以创新把握契机

前面介绍的寒武纪工作室自称是"大众外包的总部"，西科斯基是如何想到把大众外包应用到软件开发的呢？他的故事向我们展示了一个创意是如何形成然后通过创新性思考逐渐变成契机的。

西科斯基小时候是一个电子游戏迷。13 岁的时候，他已经开始开发软件，长大后，他一直对贡献开放源代码兴致盎然。在创办寒武纪工作室之前，他曾参与四个新兴事业。由于他对软件很有兴趣，又有贡献开放源代码的经验，他开始着迷于把网络科技及其效应融入集体行为之中。于是，他开始阅读《群众的智慧》、《世界是平的》等书籍，发现开放源代码有很大的商机，但他也从自身的经验得知，这类技术的盈利和这类公司对参与者的激励都是非常糟糕的。这存在一个基本的问题："人们可以想办法开发出很棒的电脑软件，但是公司却开倒车，强加一些过时的企业奖励结构。这完全没有道理。"他想找出如何规划对社群有意义的新奖励措施与企业结构，寒武纪工作室就是这一概念的雏形。他还意识到，将大众力量融入核心战略会带来实质性的收益。西科斯基解释道："我以前经营了一家产品公司，指望着从生产和销售产品中获利，但当时我们都是先思考我们想要做什么，然后再猜测市场想要什么，最后才开始生产产品，结果当我们去卖产品的时候，却发现根本没有人买。"西科斯基意识到大众力量可以帮助他的新公司避免这些问题。

区分创意与机会

和其他任何新的成长领域一样，在 Web2.0 世界，新科技也充满着激动人心的发展潜力。那么，企业如何充分利用科技的新发展呢？并且，从另一个角度来看，企业能够从网络起家进而成长壮大吗？

在新虚拟市场获胜的第二步就是以创新的方式追求机会。创新是创业精神的核心，Web2.0 世界充满着各式各样的创新机会。然而，一个大众创业家必须和其他创业家一样仔细地将创意和机会区分开来。投资人常常把创意看成一辆公共汽车：10 分钟后还会再来一班！换句话说，创意就是可能发生的事，但是机会却是值得执行、可以成功实现的创意。

那么，创意和机会之间有什么区别吗？创意只是一个想法、一个概念或者一个可能有效或者可能无效的方案，是一种未经严格检验的行动路线。另一方面，机会则是一种极具优点、值得商业部门追求的创意。也就是说，机会是一种相宜条件和环境的汇合，它创造出对某种新产品、新服务或者新企业的需求。一位作家指出，机会有四个基本特质：(1) 有吸引力；(2) 持久；(3) 及时；(4) 蕴藏在可为买者或最终用户创造或增添价值的产品、服务或企业当中。

那么，创业家如何才能识别机会呢？发现机会的范围取决于创业者的倾向和特定环境的性质。一方面，着迷于创业的人比其他人更有可能发现机会，这就是人们常说的"机会迷"。这些人和其他企业家交游广阔，并且随时随地在寻找投资和参与的机会。

创业者应该对社会具有敏锐的洞察力，要时刻思考即将发生什么而不是已经发生什么。在这一意义上，创业者预测未来商业行为的能力是至关重要的。行为由很多力量促成，包括涉及经济动态的经济趋势、起伏不定的利润率、可支配收入的多少、就业率、消费者的消费模式，等等。社会力量则可以包括人们对娱乐事业的兴趣、养宠物的欲望或者双职工家庭的数量。人口统计趋势则与世代类型有关，本书后面会做更详细的探讨。最后一个重要的因素，也是我们讨论的核心，就是科技趋势。

关于创新的经典见解

我们应该了解，创新是任何一种创业成功的关键步骤，在新虚拟市场中也是如此。正如前面提到过的，过去 100 年来所有讨论创业精神的起点都是熊彼特的经典见解。一位传记作家写道："熊彼特留下的最为经典的遗产，就是他认为创造性破坏不仅是资本主义的驱动力，也是一般性物质进步的驱动力。"和许多先知的洞见一样，熊彼特的见解如今已成为广为接受的真理。

熊彼特于 1942 年最先提出我们现在常常提到的"创造性破坏"一词，以描述创新的资本家如何在产品和方法上汰旧换新。有趣的是，他对创业环境的描述看起来和现在的 Web2.0 世界十分相似："老企业和已成立的企业不论是否受到直接的攻击，依然生存于四季不断吹来的狂风中。而在创造性破坏的过程当中，很多企业要么走向灭亡，要么就承受风暴、想办法生机勃勃地发展下去。"换句话说，创业精神是一种摧毁特定产业（亦即无法适应环境者）、催生新生公司的动态力量。

熊彼特也是"创业家"这个词的主要支持者和推广者，这个词出现在他 1934 年出版的英文版《经济发展理论》一书中。熊彼特明确地指出了投资人与创业者、发明和创新之间的区别："从经济和社会的角度来看，发明和落实创新是完全不同的两码事。"简言之，熊彼特强调创新是创业精神的核心，是创业过程所导致的不可避免的剧变的一部分。

在其有生之年（1909—2005）被誉为全球顶尖的管理大师彼得·德鲁克，也强调了创新和创业精神之间的关系。不过，德鲁克也是一位领先的创业精神专家，他于 1985 年出版的《创新与企业家精神》一书就是该领域的领先之作。该书分析了创业流程的本质，并提供了相应的哲理分析。相比之下，其他谈论创业精神的书大多以访问为主，只简要介绍了创业流程的机制。

德鲁克在定义创业精神时特别以创新为重点，由此，他区分了包含创新的创业和不包含创新的创业。例如，一个开发并行销新产品的人是创业家，而传统的街角零售商就不是。同理，餐厅经销商不是创业者，而独立经营餐厅的人就是创业者。

换句话说，创业者着重于创新，而创新的根源就是创造改变、让既有资源产生新的财富。创业家把变化看成市场机会的来源，他们会接纳而不是回避变化，而非创业者就不太可能这么做。德鲁克写道，创业者持续地"寻找变化、应对变化，并从中开发出机会"。这就意味着做不同的事、跨进创新领域，而不是在已完成的事情上精益求精。后者虽然有利可图，但它属于通过改进操作来提高生产力。

德鲁克提出，对雄心勃勃的创业者来说，下一步就是持续落实"系统化创新"流程，亦即识别并追求机会，认识到变化为创业者带来了创造个人财富的机会，而这一机会也间接地增进了整体经济的价值。德鲁克表示，"创新是创业的特定方法，是让资源具有创造财富的新能力的行动。实际上，创新就是创造资源。"由于创新并不是一种零和博弈，所以通过将效率低下的资源配置到更为有效的用途后，被创造出来的资源为整个市场提供了价值。

德鲁克之所以如此断言，是因为创业精神不光是一种人格特征，个人也可以学习创新流程。显然，提升一个人的创新能力并不能保证一定获利，但可以因此获得更多的机会。德鲁克指出："系统化创新包含有目的、有组织地寻求改变，以及对改变可能提供的经济性或社会性创新机会做系统的分析。"德鲁克并没有提出一个模棱两可的宽泛定义，而是揭露了创业的流程，他的特定观点也为人们开展自己的创业实践提供了一个清晰的起点。

德鲁克还进一步指出了创新机会的七个来源，其中四个来源存在于企业内部，其他三个来源存在于产业或企业外部的改变。第一个来源是"出人意料"的事件，比如意外的成功、意外的失败，或者意外的外部事件。德鲁克举了著名的雷·克拉克案例，雷·克拉克不是麦当劳的创始人，但他却将麦当劳打造成今天的国际巨擘，拥有全球知名的金黄色拱形标志和著名的卡通人物。克拉克原本专门向小餐厅销售奶昔制造机，有一次他意外地发现其中一家客户——麦当劳兄弟餐厅——购买了大量的机器。这让他进一步注意到这家餐厅客如潮涌，因为它的菜单简洁、价格低廉、服务迅捷。于是，他买下了麦当劳兄弟的股权，建立了自己的汉堡帝国。

德鲁克指出，创新机会的第二个来源是事实本身如此与事实预期如此或事实应当如此之间的"不调和"。1980年代中期，德鲁克撰写《创新与企业家精神》时，OM斯科特公司是美国草坪保养商品（种子、肥料、杀虫剂等）的领头羊，后来变成大企业ITT公司的子公司。基本上，斯科特之所以成为业界的领头羊，是因为他们生产了一种名叫Spreader的简易施肥车，车身上有洞，可以让适量的斯科特肥料均匀撒出。在斯科特推出 Spreader 之前，没有一家草坪保养公司向顾客提供这种可以控制施肥过程的草坪保养工具。但没有这样的工具，整个施肥过程的步骤就会出现"不调和"，并且没有办法控制恰当的施肥量。

企业内推动创新的第三个来源则产生于过程的需要，亦即"需要是发明之母"。德鲁克以摄影术的发展为例，1870 年代，摄影过程需要笨重易碎的玻璃板，这块玻璃板不仅要随身携带，而且使用的时候还得小心翼翼。此外，它还需要搭配使用同样笨重的照相机，因此拍照前得花很长时间作准备。1880 年代，柯达的创始人乔治·伊士曼用极轻的纤维素薄膜取代了笨重的玻璃板，并设计了一种轻巧的照相机来搭配这种薄膜。于是不到十年，柯达就成为了摄影界的领导者。有趣的是，本世纪初，在摄影科技持续发展的尾声，数码摄影的发明与流行给柯达之类的胶卷公司带来了严峻的挑战。就像在 19 世纪末期一样，意识到这一变化趋势的公司很快抓住了机会，现在也成为摄影界的领导者。

德鲁克认为企业内推动创新的第四个也是最后一个来源，就是在大多数人不知不觉中发生的产业结构或市场结构的改变。德鲁克提到汽车产业的差异化，汽车的品牌策略性地分隔出各个利基市场。如今，汽车不仅是交通工具，也是车主地位的象征和个性的反映。"什么人开什么车"这句话虽然肤浅，但也说明了很多消费者的心理。例如，世界上最贵的劳斯莱斯汽车适合皇家和像皇家一样奢华的人使用，宝马跑车对崭露头角的管理阶层尤具吸引力，而奔驰轿车则是让人倍感尊荣的豪华轿车。

当市场因消费者的偏好和购买力变化而变化时，新的利基就出现了。我们可以回顾 1980 年代日本车大举攻占美国市场的那段历史：当时消费者纷纷放弃制作不精又耗油的美国汽车，改买精致省油的日本汽车，这个市场变化让底特律的很多汽车商措手不及，最近市场朝着混合动力车改变的趋势也是如此 [这首先发生于丰田汽车在美国推出普锐斯 (Prius)]。

除了企业内部的这四个创新来源之外，德鲁克也提到企业外有三种改变是创新机会的来源。第一是人口统计趋势的改变，包括人口的多少、组成、就业、教育程度、收入变化等等。一些流行的年龄界定用语，比如婴儿潮世代、婴儿潮克星与 X 世代等，意味着在这些族群的不同生命周期都会出现各种不同的机会。德鲁克分析，Club Med 之所以在旅游与休闲度假业取得成功，就是因为善用了"人口统计上的改变"，尤其是有钱、教育程度也高并且具有工薪阶层家庭背景的年轻族群的日益增长。Club Med 抓住了这个机会，发现他们锁定的人口族群也是"由以前青少年常去的地方翻新而成的带有异国情调的游乐胜地的现成顾客"。Club Med 持续开发人口统计趋势，近来还为单身、情侣和家庭等客源规划出多元的度假胜地。

另一个创新机会的来源是认知、情绪或意义的改变。德鲁克提到，过去人们吃东西的方式因收入和阶级的不同而不同，普通人但求温饱，有钱人讲究美食。如今的趋势则是朝着"摄取食物"发展，亦即尽可能以最快、最简单的方式取得能吃的食物。顾客满意度取决于供应食品的速度，而不是食品的品质。有多少人愿意耐心在麦当劳排队一分钟以上？的确很少，但是没有人期待麦当劳提供美味的食品。成功的食品服务公司都是那些了解并善用了这种消费态度的公司。

第三种企业外的创新来源是创业精神的"超级巨星"，即新知识，包括科学性和非科学性的新知识。德鲁克描述了这一来源的特征：第一，在所有创新中，它需要酝酿的时间最长。尤其是生物技术和医药方面的科学发明，需要取得法令的许可，涉及冗长的程序。第二，新知识通常建立在几种旧知识聚合的基础之上，这些旧知识并不全都是技术性或科学性的，而创新所需要的知识也不一定完全齐备。因此，我们必须仔细分析改进商品所涉及的一切因素。按照这一流程，公司必须开发新知识以便商业化，也必须找出相对于竞争对手的战略定位。最后，为了成功实现商业化，公司必须以主宰市场为目标，因为在新知识基础上产生的创新可能碰到很多竞争，创新者必须第一次就做对。

德鲁克为创新与创业精神提出的经典见解，反映了他纵横 20 世纪的人生经验。他揭示了创新机会的七种来源：其中四种来自企业内部，三种来自企业外部。他对这些来源的讨论反映出：系统化、有目的地识别、理解并应用创业精神的核心，这就是创新。那么，对于创新，当代又有哪些见解呢？

关于创新的当代见解

哈佛商学院教授克莱顿·克里斯滕森是创新方面的顶尖思想家，是高科技界经常引述的大师。他写过两本重要的著作：1997 年的《创新者的窘境：一本改变你运营方式的革命性书籍》和 2003 年的《创新者的解答：创造并维持成功的成长》。

前面的文章中曾提及，2007 年Web2.0 高峰会上有一些演讲者提到"破坏性科技"，这是指什么？

在《创新者的窘境：一本改变你运营方式的革命性书籍》一书中，克里斯滕森提出了一个关键议题：为什么绩优企业会错失机会？他得出了一个一反常理的结论："良好的管理"是导致 IBM、希尔斯（Sears）、施乐（Xerox）等大公司失败的主要原因。这些大公司都遵循正确的原则：他们聆听顾客的意见、投资改良科技、研究市场趋势、有系统地把资金分配到回报率最高的创新计划，但正是这些行动阻碍了他们像竞争对手一样投入创业风险与创新。这个结论所蕴含的意义就是，一些被人们广为接受的良好管理的原则只是在某些情况下适用而已。

那么，人们如何因应这个两难困境呢？克里斯滕森提出了他的"破坏性创新原则"，让管理者根据这个原则来决定什么时候采用通行的良好管理原则，什么时候又应该改用另一套原则。破坏性创新原则适用于各种企业，而不论该企业是否是高科技企业。克里斯滕森认为，科技是"将劳动、资本、原材料和信息组织起来"，以创造更有价值的服务或产品的"一种流程"。科技不只是工程或制造方面的进步，更是涵盖行销到管理等一切流程的改进。因此，创新就是"任何一种这类科技的变革"。

所以，所谓"创新者的两难"，就是"管理者所做的理性睿智的决策既是促使企业成功的关键，也是导致企业丧失领导地位的原因"。

那么，企业如何应用破坏性创新原则呢？当遇到破坏性科技变革时，如果管理者能够理解并掌握而不是反抗其中的力量，那么他们完全可以获得巨大的成功。克里斯滕森列出破坏性创新的五项原则来帮助管理者了解情况。原则一是"公司依赖顾客和投资人来分配资源"。公司必须具备让利润率不得低于底线的成本结构，这是大部分破坏性科技的特征。原则二是"小众市场无法解决大型企业的成长需求"。克里斯滕森指出，领先优势是在竞争中胜出的重要因素，这正是顶尖的大众外包公司寒武纪工作室的战略（参见第48页的公司描写），他们在软件领域中率先开发出一条叫做"大众外包"的新路子。

原则三是"不存在的市场无法分析"。克里斯滕森解释道，大企业比较喜欢朝可预测和可分析的路径发展，毕竟，管理者们所受的教育就是要谨慎地管理资源。但也正因如此，管理者们在面对风险较高的破坏性科技时往往不知所措，因而倾向于退避三舍。但是，最强大的先发制人的优势恰恰存在于这些高风险领域，所以小型的富于创业精神的企业反而处于比较有利的地位，可以利用这些新的机会。克里斯滕森将这种情形称为"创新者的两难"。

克里斯滕森的原则四是"公司的能力决定其缺陷"。公司应具备在流程与产品价值提升方面的独到能力。原则五是"科技供给不一定等于市场需求"。克里斯滕森认为，破坏性科技一开始可能很小，但很快就会变成主流，成为知名老产品的劲敌。

那么，管理者或创业者怎样因应破坏性科技并保持创新精神呢？克里斯滕森建议，管理者应该连根拔除原先的管理假设，转而寻求"意料之外的成功"。正如 NowPublic 的迈克·提贝特（他的公司描写参见第 98 页）指出的，顾客可能以出人意料的方式使用产品，优秀的公司应该学会随机应变。克里斯滕森也指出："新的发现常常来自于观察人们怎么使用产品，而不是来自于听他们怎么说。"面对出人意料的机会，只要保持灵活的随机应变，公司就会保持创新精神经久不衰。

克里斯滕森提倡"应变式规划流程"（discovery-driven planning process），这个词的原创者是两位受人尊敬的创业学教授，他们是哥伦比亚大学教授丽塔·麦格拉斯和宾夕法尼亚大学的伊恩·麦克米兰。我之前针对该主题采访过麦格拉斯，也从她和麦克米兰合著的《创业心智》中采集额外的见解。麦格拉斯和麦克米兰提出了这样一个问题："你如何规划管理一个方向和结果都未知的计划？"

麦格拉斯的回答是"应变式规划",即一种鼓励创业者积极采取行动,通过仔细关注战略的演进来不断作出后续调整的方法。由于我们无法事先决定战略(试图这么做可能会适得其反),所以这个方法尤其强调反省与分析的过程。应变式规划和传统规划方式截然不同,传统规划主要是预期结果,然后通过配置资源来达成目标。麦格拉斯认为,在不确定的环境下,传统规划已经变得不可信甚至是危险。

作为比较,麦格拉斯为应变式规划提出了六个原则。传统规划以过去的经验和先例为基础,应变式规划则把焦点完全放在新的模式上。由此,应变式规划通过注入创造力和新创意,平衡了传统规划对成本和现金流的单一关注。麦格拉斯想得到的结果就是"实际选择推理"(real options reasoning),亦即在得到实际回报之前尽量使成本最小化。

六个原则如下:

1. 规划:麦格拉斯认为,任何一个新计划如果不具备产生"可量化的丰富影响"的潜力,就不值得进行。规划的目的是为了清楚地说明"商业单位",亦即麦格拉斯所定义的"真正引发公司利润创造机制的产品或服务"。商业单位的范围很广,从律师的按时间收费到寿险公司的保单,都可以算是。商业单位决定了商业模式。

2. 竞争市场的实际情况:公司必须在对市场的实际评估范围内进行规划。公司应该牢记有哪些竞争的挑战,包括新公司所引发的效应,老企业的威胁,等等,这些都会导致资源的重新分配。虽然这一阶段还不需要具备深入的知识,但创业者应该了解,一个项目若在竞争环境中成功应符合哪些"标准参数",以及维持产品利润需要什么样的市场范围。执行这个原则可以迅速消除创业者不切实际的想法。

3. 明确设定产出。创业者必须把战略落实成日常的运营活动。在应变式规划中，产出的界定与商业模式有关。麦格拉斯提出了应该明确产出的四个原因：第一，设定产出可以把远大的战略转变成特定的生产目标和团队成员的能力；第二，特定的产出为培养能力提供了目标，例如，从欠债的顾客中收回一定比例的欠款，要实现这个产出目标可能会涉及打电话的技巧、每个人打几通电话以及至少需要几个人来打电话；第三，执行这个步骤可以使规划者面对现实，暴露出其不切实际的错误，使规划者思考：这一事业真的可行吗？尤其是，不论管理者如何预期，实际的销售人员都可以迅速判断出顾客是否会购买新产品和以什么样的价格购买；第四，产出和顾客的实际需求越是密切相关，竞争者就越不可能破坏那层关系。

4. 检验假设：在传统规划中，人们检验结果，而在应变式规划中，人们则需要不断地检验假设。每一系列的假设都必须和产出、操作要求相符合。在执行步骤的过程中，公司应持续地将假设和现实作对比，从而花较少的钱获得较多的实际知识。

5. 里程碑式管理：麦格拉斯认为，管理过程中的每个里程碑是"及时验证主要假设的可识别的关键点"。当然，在应变式规划过程中，这个原则涉及时常在节骨眼儿上检验假设，其核心概念在于：个人根据目前可得的信息尽量往前规划，但要不时停下来重新评估假设，然后再设法到达下一个里程碑。在整个过程中，个人不断地勾勒和重设可能出现的里程碑。以制造流程而言，里程碑通常包括概念测试、模型开发、焦点群测试、原型、市场测试、试生产、全面生产。这个流程中的一个挑战就是安排出一个事件顺序，既能"降低现金开销和企业预期"，又能促使创业者投入关键的研发。应变式规划的优势在于，公司高层会随着人们不断反馈回来的意见改变战略，而不会在出现问题时，只能一味归咎于在计划开始之前就预期错误。

6. 节俭：麦格拉斯提出的最后一个原则是节俭，亦即发挥创意、设法减少规划成本。错误的假设，不论其是关于生产成本的还是消费者可接受价格的，其代价都很高昂。因此，麦格拉斯鼓励公司在检验假设之前尽量少用资源，建议大家在掏钱之前"多用想象"。

应变式规划和如今的网络社群概念，以及人们对用户自创界面和与客户对话互动的重视不谋而合。新管理者需要"以应变的方式投入市场，直接探知新顾客和新应用"。

对于那些关注本书的小型新兴企业来说，机会在哪里？克里斯滕森的结论是：小型的新兴公司有一种优势，它们往往可以承担大型老公司没有理由去承担的创业风险。在Web2.0世界里，一些较大的公司正在调适，但是在这个领域中，很多成功的故事都来自较小的创新企业，因为它们不需要严守既定的管理结构。

个人与用户导向的创新

创新的经典见解和当代见解说明了创新是如何在企业中产生的，但在Web2.0的世界里，创新又是如何产生的呢？我在前文中提到过"开放式创新"这个概念，一群人——亦即大众——可以创新吗？创新是不是只有靠天才单枪匹马才能做到？

人们具有的典型印象是：创新是天才的产物，是靠天才在山顶或林中的小屋里独自创造出来的。但事实很少如此。实际上，大部分发明，包括爱迪生的灯泡或威廉·达若的大富翁游戏，都是团队合作与长时间持续改进的结果。这一点对创业者来说具有重要的意义。

凯斯·索伊尔在《团队的天才：引爆协同创作的力量》一书中，勾画了有效的创造性团队的七大特质：（1）时常有所创新；（2）成员相互合作、聆听彼此的意见；（3）团队成员开发合作者的创意；（4）在得到开发之后，创意的意义才得以清楚显现；（5）出现意料之外的问题；（6）创新有效率；（7）创新由下而上出现。索伊尔分析得出的结论是：创新通常是团队流程，事实上，团队合作的结果比个人独创的结果更为优异。

另外，索伊尔也提到合作者的"网络"（不论是否在网上），这个网络和网际网络是两码事。索伊尔归纳出合作网络的五个特点：（1）每次创新都是以前面的创新为基础；（2）成功的创新是许多灵感乍现的结合；（3）在合作网络里，团队之间经常有互动；（4）在合作网络里，常常有多种多样的发现；（5）没有一家公司可以独占网络。

新虚拟市场的突破就在于创意可以源自一群人。换句话说，大众想出创新的解决之道，创业者再把那个解决之道传递回大众。创业者不再是唱独角戏的"发明者"，而成为合作开发和传递流程中的一个步骤。

为什么会出现这样的集体创新？随着教育程度的提高和科技的普及，很多人都可以获取较多的专业知识、工具和信息，Y世代自我表现的欲望也日益高涨。对Y世代来说，网络是理所当然的事情，他们把网络当成建立社群的工具，网络变成了大家普遍使用的全球资源，是和最大的人类网络社群进行交流的方法。因此，用户导向的创新就是把网络作为改进社会和创业的工具。

对那些可以掌握这一过程的公司来说，大众的参与会变成别人难以超越的竞争优势。由一小撮天才组成的研发团队，是很难和为了同一个目标而热情贡献个人力量的分散式网络相竞争的。开放源代码就体现了这类创新过程，在这里，我们看到一群人为了共建一个完善的工程而热情地奉献心力。

那么，如何在实践中落实这种创新呢？威廉·泰勒和波利·拉巴尔在《商业怪杰》一书中说明了如何让合作（他们称之为"开源式创新"）为你和你的公司效力。泰勒和拉巴尔阐述了"开放企业门户"的概念。首先，他们建议公司"界定一个狭窄的焦点，并对之作出严谨的定义"；第二，"不断扩大参与者的范围"；第三，"保持趣味性"。泰勒和拉巴尔提醒道："创新是严肃的事业，但是如果你想吸引一般的志愿者和非主流人士的脑力资源，你就必须把开源的项目做得多姿多彩、生动而富于活力。"第四，他们警告不要"把所有的好处都留给自己"。这正是运用大众力量的公司目前想要解决的议题：如何激励与适度奖励贡献者。泰勒和拉巴尔解释道："如果你希望陌生人（或者甚至是员工和同事）把他们最棒的点子与你分享，那就不要意外于他们希望有所回报。这些回报可能是金钱，也可能是一种认可，但更多时候吸引他们参与开源项目的，是与业界精英互动的机会。"第五，泰勒和拉巴尔建议："不断地挑战自己，让自己对各种新点子和新领导方式保持开放的态度。"整个过程的关键就是保持透明和创造性。

另一个和 Web2.0 创新有关的宝贵观点是由《回头思考》一书的作者道格拉斯·洛西科夫提出的。他把开放合作视为增强公司核心竞争力和维持创新能力的重要战略，开放合作这一方式将引领全球的产业变革，它"需要挑战甚至重写产业内既定规则，邀请员工甚至顾客参与创造过程，这才是开源（open source）的真正意义和维持创新文化的不二法门。"洛西科夫把开源运动视为态度上的革新："开源不只是电脑程序的改变，它还是推动工作和生活改变的方法，这种方法使保密和保护主义不再适用，并以前所未有的规模开启了创新之门。"简言之，开源为企图展开新征程的公司创造了创新的机会。洛西科夫指出："开源可能变成一种新的商业模式，但它也是一种久经考验甚至是古老的创新方法。"最不创新的公司受合作的威胁最大，他们的很多行为都反映了他们的心态。例如，"从事反竞争（或者更确切地说是反合作）的公司通常是深深依赖于掌握稀缺资源的公司，因而他们倾向于把更多的努力用来保护过去而不是建立未来。"洛西科夫还指出："对外或者甚至是对顾客开放创新没什么丢脸的，接受来自下面的意见并不是弱小的表现，反而是强大的特征。"弗鲁瓦格鞋业就是应验洛西科夫说法的好例子，他们因为在网上和顾客进行合作而获益匪浅。

以社交网络为创新平台

没有大众，就不可能有 Web2.0 世界里的合作创新。大众因为社交互动而在网络上形成。为什么我们会从 Web1.0 和展示信息演变成 Web2.0 和网上社交？

当然，社交网络一直都存在，问题是人们多会在什么地方进行社交。《独自打保龄球：美国社群的崩溃和复兴》一书（2000 年出版）的作者罗伯特·普特南提出了一种不错的说法来解释 Web2.0 世界整合网上社群的原因。

在书中，普特南描述了 20 世纪最后几十年美国的社群团体是如何开始凋零的。他还探讨了"社会资本"这个概念，亦即"个人之间的连接"和"社交网络以及从中派生出来的互惠互信规范"。

他这样解释了该书的主题："在 20 世纪的前三分之二时间里，有一股强烈的风潮让美国人越来越深入地参与社群，但几十年前，在毫无预警的情况下，这股风潮忽然逆转，成为一股危险的激流向我们袭来。在剩下的三分之一时间里，不知不觉中，我们开始彼此分离、脱离社群。"

社群的结束有助于解释社交网络兴起的原因——正是为了填补这一空缺。人们希望相互联结、共组社群，但是像保龄球队和扶轮社这样的传统方式已经失去吸引力，而网上社群开始登上舞台。普特曼预测道："这次新科技的扩散比历史上其他消费性科技的扩散要迅速得多，只有电视可以与之媲美。电话经过 70 年才从 1%的市场渗透率成长到 75%，但网络只花了七年多时间就达到了同样的扩散效果。"和所有科技创新一样，这一次也是先从年轻世代开始流行。由于得到普遍的应用，尤其是在年轻人当中，网络已经作为联合的工具变成合作创新的平台。

因为某种特殊的热情或平台而形成的网友群体通常被称为"社交网络"。上网对社交的影响是渗透社会，尤其像在前文中"世代差别"部分说过的那样，这已经变成 Y 世代的生活形态。2003 年10 月，Friendster.com 开始改变人们沟通的方式，它让人与人之间互相连接，而不只是让人与网站连接，从此，社交网络的趋势开始风行。正如《Inc.》杂志（2007 年 6 月刊）指出的："Friendster 的优点就在于它拥有极其完备的网络。每当有一个网页上传，它的服务器就会计算单个用户在四度空间内与其他多少个用户相连接，那可能包括好几万人。"

然而，Friendster 没能充分把握时机，其他业者纷纷抢进了市场。2003 年，Intermix 模仿他们成立了 MySpace.com，取代 Friendster 成为网络社交的焦点。网络上其他社交机制也纷纷出笼，遍布四海的杰出网站 www.facebook.com 就是把人们联结起来的一个社交机制。自马克·扎克伯格于 2004 年创建这个小网站以来，就获得了突飞猛进的蓬勃发展。目前，该网站的参与人数相当惊人：4 700多所大学、高中、员工、区域网络参与其中，搜索结果达到 6 亿多个，每个月网页浏览数多达 300 亿，而该网站也跻身全球网络流量六大网站行列。

人们出于各种各样的理由加入社交网站：交朋友、娱乐、增长见识、影响他人，等等。有几个因素会影响会员访问网站的频率：会员之间的活动量、会员之间共同兴趣（比如嗜好或事业）的重要性、在多大程度上允许会员灵活掌握个人资料的披露（比如只显示电子邮件地址或更多的个人资料）？以及以什么样的方式招揽会员(是必须有人介绍才能申请加入，还是只要上网站申请即可)？

回顾步骤二

✽ 点子不一定是机会。

✽ 机会通常会运用创新的点子，产生市场想要的新奇事物。

✽ 创新的本质正在改变：以前只是由发明者及其企业进行创新，现在则是由大众进行创新。

✽ 今天的创新可以通过 Web2.0 成功利用大众的力量来发扬光大。

✽ 网络不仅是社交的场所，也逐渐变成鼓励大众参与各种合作任务与创新的地方。

大众外包大师杰夫·豪
· · · · · · · · · · · · · · · · · · · ·

（2007 年 8 月 31 日的电话采访）

杰夫·豪是《连线》杂志的记者，2006 年 6 月，他写了一篇题为《大众外包的崛起》的重要报道。那篇报道与他所创的"大众外包"一词引起很大反响，于是这个词就成了流行语。他目前也在撰写一本关于大众外包的书。

理查德·古森：什么是大众外包？

杰夫·豪：就像我在博客中说的，大众外包有两种定义。一种是"白皮书版本"：大众外包就是把传统的由指定代理人（通常是员工）进行的任务，以公开招募的方式，外包给未定义的一般意义上的大众。另一种是"精简版本"：把开放源代码的原则应用到软件业以外的领域。

古森：大众外包的核心定义是什么？

豪：你把以前交由某人做的工作开放给未定的大众处理。这里的关键词是"未定"，换句话说，是对外募集陌生人。

同时，为了有效地工作，这群未知的大众必须参与相关的网络。募集令必须发给"智慧网络圈"里的人，才能招募到合适的人。例如，上黄金时段的电视节目进行募集会毫无效果，因为 99.9% 的人可能不知道你在讲什么。

和电视相比，就可以看出网络为什么是大众外包的绝佳工具。网络是"多对多"的环境，对许多智慧网络圈可以发出募集令。相反的，电视网是"一对多"的环境，亦即一个节目播放给多个人看。

古森：为什么大众外包的定义很重要？

豪：我觉得为"大众外包"一词设定界线很重要。每当出现一个新领域，就会衍生出很多新词汇来描述新点子。那固然很好，但也会妨碍新领域的发展，因为那些词很容易由于不精确而引发很多误解。

古森：既然这个词是你首创的，你如何保持它原本的意思？

豪：由于"大众外包"这个词被网络和主流媒体传播得太快，所以很难给它维持一个清楚的定义。我并不能最终控制这个词的用法，但我会在我的能力范围内厘清它的含义。在维基百科上，"大众外包"的定义目前还是采用我的版本，不过那是可以改变的。我当然希望这个词的意思可以一直维持原意。

2008 年左右，我的关于大众外包的书出版时，可以帮忙界定这个词，那时我们可以继续讨论这个概念。

我最讨厌的事情之一，就是在 Web2.0 世界里，有很多人滥用术语，包括"大众外包"这个术语。我想大家应该一起来决定各种术语的意思。虽然我对大众外包有严格的定义，但很多其他的说法也都符合那个定义。

古森：大众外包是逐渐演化出来的，还是一种革新？

豪：两者都有一点。大众外包不是一个新概念，但网络让它变得截然不同。例如，1714 年，英国政府想知道如何计算经度，他们提出经度奖金作为悬赏（金额为一到两万英镑，视计算方法的精确度而定）。果然，约克郡就有一位名叫约翰·哈里森的木匠想出算法，他发明了航海天文钟，并说只要制造出这种复杂的钟就可以算出经度。他最终获得了奖金。那就是一种大众外包。形形色色的大众外包自古就有，只是近年来才借助现代科技成为更加有效的解决方法。

古森：社群网络和大众外包之间有什么关系？

豪：如果你已经有一个社群，我觉得大众外包会比较有意义。但是大众外包不能无中生有，你不能只是把大众外包想成"我有一项工作，只要交给这些人做就行了"。公司必须懂得，人们想要的不仅仅是报酬，尤其是在社群环境中。

古森：为什么人们会参与大众外包？

豪：人们参与大众外包通常是因为他们想让朋友们刮目相看，或者像开放源代码的群体那样，他们有共同的专业，所以喜欢一起合作。

我对大众外包那本书进行研究时发现，金钱回报的激励作用比较小或者比较不突出。人们更感兴趣的是学东西、觉得好玩或者让他们看起来很酷。人们还是一如既往地以自利为动机，我并不认为我们从大众外包中发现了新的利他行为。我想社会学家与企业人士没能认识到人们的复杂动机。

古森：公司要因应动机各异的大众，这是不是一个很大的挑战？

豪：这一点也不难，有很多方式可以吸引人们的动机。我觉得寒武纪工作室在给予肯定这方面做得很不错。金钱常常被当做名誉的象征，尽管公司给贡献者的报酬不多，可能只是总收益的一小部分，但那还是足以让成员觉得自己获得了奖赏。有几种方式可以创造这些激励。一开始，这些激励只是作为社群的副产品而冒出来，随着大众外包的成熟，公司就会知道如何更加有意识地进行激励。

在很多情况下，你面对的是集体参与，因此需要想办法解决空间问题。如果你有一套评分制度，你就有办法激励大家。社群通常不只是想激励人们，还想知道谁有天分、谁没有。

古森：公司如何落实大众外包？

豪：有许多和大众外包有关的原则有助于大众外包的顺利运作。最重要的是，公司必须非常尊重顾客，做顾客想要的东西，而不是你觉得他们想要的东西。

古森：公司运用大众外包时应注意什么？

豪：首先，公司需要知道，大众外包的基本法则是：90%的提案是不值得落实的，这就是所谓的"斯特金定律"（Sturgeon's Law），该定律以小说家泰德·斯特金的名字命名，1953年，他在费城举办的世界科幻小说大会上说："任何事物都有90%是垃圾。"第二，公司需要了解大众智慧的动态，这是大众外包的核心。换句话说，大众实际上是如何一起工作的？有时候，大众会有强烈的动机来隐藏信息或者有选择地呈现信息。

古森：哪些公司是大众外包方面的先驱？

豪：大众外包公司中，首屈一指的是Google，它所做的一切都是大众外包，PageRank就是一例，它在运算法则的基础上从网络用户建立的网络链接取得网页的相关资料。IBM也很优秀，他们在过去十年作了很大的变革。IBM有一个测试版的网站，名叫Many

Eyes，在那里，你可以看到自己的资料形象化，很多人也可以获取这些资料进行合作。Procter&Gamble 也逐渐使用大众外包，它在 InnoCentive 的网站上张贴了很多高难度的科学问题。

古森：对想运用大众外包的公司来说，关键的成功要素是什么？

豪：1. 能够激发人们激情的公司会做得更好，在大众外包方面就有优势。

2. 公司应该把大众外包当成在尽可能大的范围内吸引更多创意的方法，而不要把大众外包视为节省劳力的机制（尽管在第三世界的服务提供者越来越多地受金钱回报的激励）。

3. 提供给贡献者的金钱大多是象征性的，更重要的激励方式是肯定个人贡献的价值。

4. 公司需要从更长远的观点思考大众外包，大众外包是公司有机成长过程中的一部分，而不是用来帮助公司在未来几个季度中盈利的工具。

FEASIBILITY ANALYSIS OF THE OPPORTUNITY

第三步　机会的可行性分析

2000 年，杰克·尼克尔和雅各布·德哈特想出无线公司（Threadless）这个概念。一开始，他们只是把它当做一个次要的项目，直到 2003 年才搬进 4 300 平方英尺的办公室。当时，他们全靠雇佣兼职员工来帮助公司运营。一年后，亦即 2004 年，他们已经雇佣了 8 名全职员工。2005 年，公司搬进了 10 000 平方英尺的办公室，雇佣了 15 名全职员工。2006 年，办公室扩充为 25 000 平方英尺，公司创办人获得了洞见创投合伙公司（Insight Venture Partners）的投资。

那么，这家公司是干什么的？原来，无线公司是以大众力量为核心战略，专门为特殊的 T 恤设计师和买家牵线撮合的公司。显然，这是一家大众创业公司。他们从简单的概念创业，到如今年营收已达 620 万美元，而且丝毫没有显现出增长减缓的迹象。无线公司结合创新与 Web2.0 的原则，创造出吸引消费者不断与公司互动的消费者导向的产品。

无线公司是如何决定制作什么样的 T 恤呢？他们直接询问人们想要什么样的 T 恤。今年夏天，无线公司还把大众力量作为执行战略的工具，他们先是投入最少的资源，一旦证明消费需求值得他们进行扩张之后，就再投入更多的资源。虽然组织资源与产业动态的风险仍然存在，但是公司的成长足以帮助他们抵消产品行销带来的风险。

网站的用户不仅购买 T 恤，也为目前的 T 恤设计评分，提交自

己的设计创意，并上传他们穿着 T 恤的照片。无线公司的创意总监
杰弗瑞·卡米科夫描述了公司的运作方式："简单地说，我们的运
作建基于'顾客共创'、'用户创新'或者'大众外包'这样的概
念……无线公司是一场不断进行的网上 T 恤竞赛。每位获胜的 T 恤
设计师可以获得价值 2 000 美元的现金和奖品，包括 1 500 元的现
金、300 元无线公司礼券，以及无线公司 12Club 的会员资格，会员
每个月可获得限量 T 恤。"

卡米科夫接着说道："和其他社群一样，我们的社群也是众口
难调。我们一改变网站，有些人就不大高兴……关键是保持透明
度，让社群知道正在发生什么。只要人们觉得有参与感，对事情的
动态可以发表意见，我们就可以做任何事情。例如，如果我们想卖
东西给 Target，我们就会先和用户讨论，决定怎样做才对社群有
益。"从运营和动机来看，无线公司都有 Web2.0 公司的特质。卡米
科夫表示："这是简单的概念：人们告诉你他们想要什么，你就给
什么。这是完全开放的。你无法拥有秘密和管理者，也无法设置从
上到下的等级分明的官僚阶级。它必须是完全透明的。"这种企业
发展模式不正是对传统的可行性分析方式进行的一种嘲笑吗？

产品或服务的可行性分析

无线公司的经验就是以大众力量降低创业风险的例子。他们根
据大众的意见创造机会，在某些方面，这就像任何一个企业因应用
户的反应而逐渐扩充产品种类，并投入更多的时间和资源一样。不
过，Web2.0 的环境有助于收集大众意见并减少收集意见的成本。

无线公司的例子可以作为一般创业的模式吗？不能。不过它却是说明大众外包如何改变可行性分析的好例子。本章讨论如何为成立大众创业公司进行可行性分析，并得出如何修改传统的可行性分析的结论。

可行性分析是判断一个点子是否行得通的基准，创业者需要花一定的时间和精力来考量被提出来的点子，以决定是否着手进行。每个创业都需要一定的资源，创业者或许需要找专业顾问，向他们咨询会计或法律方面的意见，或许需要购买研究成果或产业报告，以了解某个特定事业的动态。此外，创业者还可以做焦点团队研究，以确定顾客数量是否足够，事业初创期尤其应当如此。

一个标准的方法就是验证所创事业所蕴含的概念是否行得通。换句话说，公司可以先对潜在顾客概要地描述产品或服务，以衡量顾客的兴趣、渴望度和购买意愿。公司这么做是为了确定所提议的产品或服务能否和潜在的消费者产生共鸣。进一步的，这一验证过程有助于改进点子，因为顾客可以针对商品概念反映意见。此外，对潜在顾客做一番调查也有助于大略估计产品未来的销售额。

设计完善的概念测试通常称为"概念声明"（concept statement），这和"执行摘要"类似。概念声明包括对产品或服务的描述、锁定的目标市场、产品或服务的效益、产品相对于市场中类似商品的定位、产品或服务如何行销，等等。

无线公司基本上有一群网上焦点团体持续提供免费的意见，进一步的，透明化是建立一个网上的积极活跃社群的重要方面。这种方式提供了大量信息和文件给大众，使他们可以反映意见，就像概念声明所说的那样。

产业或市场的可行性分析

假设你已经为你的点子进行了财务分析，而且前景看起来对你有利，那么接下来该做什么呢？接下来应该尽量找出让点子得以完全发挥的产业。

无论任何产业,都会出现这样那样的问题：这个产业打得进去吗？有多少竞争者可以打进这个产业，打进去的难度有多大？除了招募人才和获得融资以外，还有没有更大的障碍？产业中有成熟或开发不够的市场可以创新吗？产业中是否存在可以避免整体产业负面影响的定位？产业有哪些微妙之处和禁忌？

除了提供难以复制的优异产品或服务外，采取应变式规划的公司必须不断改进与强化竞争优势。这在 Web2.0 的产业中有可能做到吗？网络环境的特征就是：从新硬件到新的网络概念，一切事物都处于不断的变化当中。人们在不断地寻找下一个大跃进，因而对新点子保持着不同寻常的开放态度。

至于公司在 Web2.0 世界的定位方面，创办人必须注意避免重蹈 2001 年网络泡沫时的覆辙，有些俗语或朗朗上口的标语反而让人联想起过去的负面形象。例如，寒武纪工作室的西科斯基就不愿把"孵化器"（incubator）这个词套用在他的公司上，因为那个词带有网络泡沫化时代的含义，当时金融家支持创业生手推广基础薄弱的项目并融资，结果反而拖垮了经济。

你还必须针对未来的产业提出一连串与所创事业有关的问题。第一，这个产业真的适合创立新事业吗？你必须仔细地考虑特定的利基市场。在 Web2.0 世界里，持续进行的研发似乎给任何一个新创事业都带来源源不断的新竞争对手。几乎每个研发成果都有很多人去"点击"，这让兴致勃勃的发明者相当泄气，因为他们常常发现别人已经抢先一步开发了他们的点子。

但是，与竞争对手和潜在的竞争对手相比，你在业界可以比他们有更好的获利吗？你可能认为有机会，但那不见得很容易。事实上，多数新创事业似乎都免不了有一条学习曲线。或许你已经创造出一种别人难以复制的独特的商业模型，在第四步中我们会详细讨论这一点。但在这里，我想指出，独特性比科技本身更有可能落实，更有创造名牌的潜力。

评估 Web2.0 产业潜力的一项重点就是把它放到不同的产业类别及其机会中衡量。Web2.0 是"新兴产业"，这个产业类别还没有开发出标准的操作程序，首动者通常有较大的机会。新兴产业也有高度的不确定性、进入障碍较少、没有既定的竞争模式。另一个适合 Web2.0 的领域是"零散型产业"，在那里，很多规模相当的公司互相争夺顾客。在这种情况下，主要的机会就在于领导者提出"滚雪球"或整合战略，从而达到规模经济。相反，"成熟产业"则与Web2.0 世界截然相反，他们面对的市场需求成长缓慢或毫无成长，顾客都是熟客而非新客，产品创新有限。"衰退产业"则面临需求下滑，创业家通常都会避开这个领域。

前面我提到过 Web2.0 世界重视透明度，运营透明可以帮助公司搜集"竞争情报"（以道德的方式从竞争对手那里搜集来的信息）。竞争情报可以通过许多渠道获得：参加研讨会和展览会、阅读产业相关书报杂志和网站、与顾客讨论促使他们买你的产品而非对手产品的原因、购买竞争对手的产品来进行剖析、研究竞争对手的网站等等。

除了判断产品或服务本身有没有市场魅力以外，创业者也需要分析整体市场。两者都很重要，不仅产品本身要有魅力，还要有足够的市场环境来推出产品。

这里主要有三个议题。第一，你投入的是一个值得投入的产业吗？不同的产业在成长率和利润方面可能有很大的差异。例如，几年前，我担任一家电脑硬件销售公司的顾问，那家公司在北美洲，它通过韩国的主要制造商进口硬件，毛利是 10% ~12%，净利是 2%~3%，他们需要薄利多销才能取胜。而且，北美只要有一家零售店出现坏账，就有可能危及他们的事业。相反的，软件开发业则享有比较多的利润，一旦回收最初的研发成本（虽然金额不小），公司的净利就会达到 20%~30%。

另外，产业的成长率是多少？当然，Web2.0 大众力量公司之所以有魅力，就是因为他们有惊人的成长潜力。对未来的预测指出，Web2.0 的功能将取代过时的知识管理系统，因为应用程序界面与社交网络工具有助于从下到上地传播，而以前的知识管理系统则是从上到下进行传播，用户被迫使用。在现在的环境中，用户使用"标签"（tagging，给网页内容贴上描述性标签）让社群创造自己的"分类"（taxonomies，相关项目的等级分类），这就是所谓的"大众分类"（folksonomy），是一种从社交网络兴起的利用标签的合作分类流程。用户通过自由选择关键词为喜欢的项目贴标签，当许多用户都使用相同的标签时，类别就自然形成了。

正如前言中提到过的，这类社交网络正在网上从 Y 世代传播到其他世代。其重点就是：Web2.0 正在为创新创造新的机会。

创投业者与其他金融家在有吸引力的产业中寻找的投资目标通常是具有以下几种特质的公司：大型成长公司、顾客对商品有很大的需求、较新的产业、利润率高、市场中的从业者不多。Web2.0

环境之所以备受瞩目，就是因为它符合以上多数条件。这个市场很大，如果既有的公司也跟着采用 Web2.0 科技，市场将会更大。不过，依然面临的一个挑战就是判断顾客对 Web2.0 新公司所提供的产品或服务是否有需求，尤其是，顾客可以主动想象他们需要什么吗？在传统的方法中，事业的崛起是为了帮助顾客解决既有的问题，但在 Web2.0 的世界里，公司不是为了满足个人既有的需求，而是为了提供个人以前无法想象的新的可能。

为了判断顾客对新创意的兴趣有多大，创业者往往会进行初级和中级的研究。首先，他们会分析产业参与者和潜在顾客，然后观察已经有信息数据的类似情况。研究"突破性产品与服务"的困难在于市场并不存在，因而无法进行中级研究。

第二个要考虑的议题就是市场的及时性。创业家需要观察谁在市场中、有没有进入市场的契机。对突破性产品或服务来说，要获得首动优势，速度尤其重要。寒武纪工作室和本书探讨的几家 Web2.0 公司都认为，率先进入市场有时可以获得难以超越的优势。但同时，也存在"后发者优势"，因为后发者可以研究首动者的错误，进而进行重要的改进。在现在的环境中，后发者优势尤其值得首动者关注，因为在高度重视透明化的市场中，竞争对手更容易获取有价值的信息。

第三个应该考虑的议题是在特定产业里找出利基市场（或垂直市场）。当然，Web2.0 会衍生出许多机会，但是公司必须找到合适的利基点才能成功。"利基市场"是指较大的市场分割中的一块区域，该区域代表一小群兴趣相似的顾客群。有一段与创业有关的文字说："最成功的创业公司一开始并不是卖给广大的市场，相反，他们大多数是先从大市场中找出新兴的或服务不足的利基点。"

市场分为两种类型。第一种是垂直市场，锁定有特定与特殊需求的相似事业。在网络上，垂直网站就是锁定棒球、会话或交友等特定兴趣的网站。与之相反，第二种类型的水平市场则满足多种多样产业的特定需求，例如一开始迅速走红，后来却失败的 Friend-ster（在第二步提到过）。从 Friendster 的失败，我们可以得到几点启示：避免和主要业者交锋，不要试图满足所有人的所有需求。

评估机会的另一个重要组成部分就是进行组织的可行性分析。这项分析是判断提案是否有足够的专业管理、组织能力和资源来成功地推动事业。团队有足够的管理威力来保证成功吗？两个最重要的因素是热情（从领导的创业家或团队的管理者身上可以看出）以及团队管理者了解市场的程度。具有广泛专业背景与社交人脉的团队就有优势。寒武纪工作室的西科斯基承认：公司成长面临的一大挑战就是创造符合组织本质的组织设计。西科斯基虽然已经是经验老到的创业家，但这仍非易事。他的大众外包公司一开始是追求团体（他们称之为"部门"）提出的不同机会，但是他后来发现，在开发项目时各个员工团队如果过于独立运作，就得不到较好的综合效果。因此，他重整结构，使之更有助于合作。当然，由于大众外包还在初始阶段，业界先驱必须克服成长的痛苦。

竞争者分析

哪怕事业本身看似可行，但整个产业中的竞争对手也是重大的考虑因素。Web2.0 在这方面是怎样的呢？就产业而言，Web2.0 是相对较新的现象，大众外包也正在日益兴盛，因此，对竞争环境进行分析就显得十分重要。在 Web2.0 的领域中，公司创办人常常说不存在已知的竞争对手，但是竞争对手可能会突然从不知名的地方冒出来。网络虽然提供了大好的机会和庞大的市场，但也有竞争对手从四面八方涌入。

竞争对手可能是采用网络的既有供应商，也可能是以网络为基础的新公司，他们通常分为三类：

1. 直接的竞争对手

2. 间接的竞争对手

3. 未来的竞争对手

每个创业者都必须仔细分析竞争局势。在可行性分析中，有一点和能否提供产品或服务有关。对考虑提供新产品的公司来说，其主要的目的应是提供市场上没有的东西。

然而，进入迅速发展的新产业时，另一个挑战就是找出已经存在或潜在的竞争者。目前可能没有多少竞争对手，但其他公司为了和你的新事业竞争，他们会以多快的速度配置资源？而且，作为全球媒体，网络既充满了无限的机会，也充满了无限的潜在竞争者。正如前面提到过的，Web2.0 高峰会显示了全世界对网络的热衷，也体现了网络为全球企业提供了一律平等的机会。获胜的关键就在于善用首动优势，亦即迅速行动并提供卓越的产品，从而使网络的这些因素对你更加有利。然后，当竞争对手崛起时，你再持续改进并调整产品，以克服后发者优势。

市场上的竞争对手有三种不同的类型。直接的竞争对手是提供类似或相同的产品，这意味着双方都一直想赢得顾客的忠诚度（而这很难做到）。间接的竞争对手是提供类似的产品或服务，但重点各不相同。未来的竞争对手则是可能配置资源到这个领域的从业者，他们对新兴企业造成致命的威胁，因为他们通常是财力雄厚的大公司，想要扩充既有的客户群。

运用大众力量的六条原则

对产品或服务、产业和竞争对手进行评估分析之后，下一步就是检查运用大众力量的原则。运用大众力量时有三种选择：大众力量可以是企业构想的核心战略，也可以是执行战略的工具，或者两者都是。大众力量网站的共同要素是：以大众力量为核心构成，大众参数、排名和评分的结构、社交网络、奖励系统、个人资料。

首先，要处于大众力量领域的前沿，公司必须具备相应的工具让用户能够轻松地和其他用户及组织进行交流互动。成功的大众创业公司必须是酝酿创意的地方，必须提供平台让群众针对各种各样的议题表达意见。正如杰夫·豪所说："如果你希望自己的公司成为大家交流的地方，那就送上可口的饮料。"应该提供让大家以最简单模式合作的环境，以便产生可行、可衡量、可由社群控制的改进。弗鲁瓦格鞋业就是一例。他们让顾客设计"开源鞋"，借此参与公司的生产活动。顾客向弗鲁瓦格建议鞋子的款式设计，公司则把这些设计融入下次推出的款式当中。另一个例子就是寒武纪工作室，他们让用户和其他成员分享商业创意和提案，以获取大众的智慧。各个创意都被汇集在一起，根据用户的评分进行排名，最后胜出的创意就会获得将创意推行到市场上所需的资金。

第二，大众力量必须在清晰设定的参数内运作才能成功。有一个博主总结了运用大众力量的一些原则：大众必须在一定的限制下运作，并不是每件事情都要民主，大众必须保留个人的特质，大众比较善于评审而不是创造内容。运用大众力量的主要目标是删除那些不值得做与可能浪费公司时间的点子，因为你希望获得的是多种多样的点子，而不是平庸的意见。我对杰夫·豪的专访有关于建立大众参与参数的进一步说明。

　　运用大众力量的第三个方面就是排名与评分结构，亦即有时被称为"评价系统"的方式。这和网络环境的透明化有关。网站进行排名和评分，并不是为了进行负面的意见反馈，而是为了提供公正的评估工具。人们对服务的看法究竟如何？组织反馈的方法有很多，"以认知为中心"的方法使网友们可以认识那些广受社群推崇的团队或个人。"以肯定为基础"的系统则对那些在特定领域贡献最多的用户赋予名誉。另一个要件就是推进"改进能力"，亦即改进大众指出的地方，以改善大众对公司的看法。这让公司可以主动和用户互动以改善服务。另一个要素就是"防止欺骗"，即给予那些经常参与评分的用户较高的权重，使系统拥有更高的可信度，以避免可能的"花招"。最后，还有一种"体验导向"的排名方法，该方法关注个人用户对公司产品和服务的体验。例如，www.dotherightthing.com 让用户通过提供有关各个公司的新闻故事来评估公司对社会的影响，然后再依据每家公司的社会知名度进行评分。

　　第四，成功的大众力量网站应该具有社交网络。社交网络有助于促进网络社群的建立、成员的积极参与和产生所谓的"黏度"（stickiness，指人们有理由一再访问特定的网站）。但值得指出的是，社交网络可能是漫无目的的，它本身就是一个目的。相反的，大众力量则需要个人对特定目的做直接的回应。为了让大众力量有效发挥，公司网站必须吸引一群对所提出的概念或项目一直都有兴趣的积极大众。那么，如何产生社交网络呢？可以先让每个个人在网站上建立档案、发展身份。然后，他们就可以通过评论、留言或集体发帖的方式进行交流。这些个人用户可以在网站的排名系统上针对某个主题评分，也可以贡献点子。这方面的著名例子包括 www.facebook.com、www.linkedin.com（让商业人士和同行相连或搜寻网络中其他个人的网站）以及 www.greedyorneedy.com 等等。

大众力量的第五个方面是针对那些参与大众力量流程的个人建立回报系统，这一点在将来会变得更加重要。探讨商业模式的章节对这个主题会有比较详细的讨论，但基本上，个人必须有足够的动机才愿意把时间和精力花在网站上。要鼓励人们持续参与网站互动，就应开发奖励系统，以识别和肯定各个成员的有益贡献。系统会给用户打分，这些分值会影响用户在网站上的地位，而且可以转换成金钱或公司折扣，或者开放更多网站的权限让用户使用。此外，用户也会因为发表意见、发帖、增添朋友、评价产品或服务、邀请新人加入等等而得分。有效的网站应该提升社交网络品质，提供切实的资源以识别谁的贡献最多，并激励所有的网站用户持续参与。例如，正如前面提到过的，寒武纪工作室用虚拟货币"Cambros"奖励用户，这种虚拟货币可以兑换成真实的货币和权利金点数。

有效运用大众力量的第六个秘诀是让公司的网站可信、专业、好用。除了这些突出特征以外，公司还应该打出创新、进步、动态、透明、合作的品牌。理想的大众力量公司应该是毫无偏见的：中立、独立、不加入任何宗教门派。公司的品牌应该吸引不同世代（X 世代、Y 世代和婴儿潮世代）和不同文化的用户，提供一个既容易理解又增进网站内互动的可行模式。

以上所有因素都可以帮助公司以"正确的"方法运用"恰当的"大众。如果妥善运用，大众力量可以带来许多正面效应，如果运用不当，那么公司花费了大量时间却只能得到没什么价值的信息。

NowPublic与"渐进式可行性分析"

有一个公司，它发迹于英属哥伦比亚省温哥华的一间简陋的办公室，但它未来的营业收入将达到数十亿美元。这个公司就是NowPublic，它现在经营的是公民新闻网站，公司标语就是"大众共创媒体"，目前已经孕育出全球最庞大的记者群。不过，公司管理合伙人提贝特向我解释道，他们并不是一群"真正的新闻记者"，而是由来自140多个国家的超过12万名的"公民记者"组成的线上网络。

那么，什么是大众授权的新闻？NowPublic将新闻定义为"时事的新信息"，NowPublic在运营时假设有三种新闻：

1. 和你亲眼所见的时事相关的原始信息。

2. 你所搜集、编排并加入背景资料的关于某件时事的新信息。

3. 和时事直接相关的评论、建议或分析。

他们正是按照这种分类来处理从公民记者那里收到的新闻。

NowPublic这类公司的价值在出现重大危机的时候尤其明显。提贝特解释道，在发生卡特莱娜飓风时，NowPublic在当地的公民记者比很多新闻机构的驻地记者还多。实际上，即使新闻机构把所有的员工都派去报道事件，其人数依然无法和公民记者相匹敌。提贝特旗下的国际记者群记录着全球各地的实况。由于成绩斐然，NowPublic现在正在扩大和美联社的合作关系，涵盖了美联社在美国各地的分社。美联社是全球最大的新闻搜集机构，在全球97个国家设有240多个分社，旗下有4000多名员工。2007年3月，

NowPublic 开始与其展开创新的合作关系。

提贝特与另外两位合伙人莱昂纳多·布罗迪和迈克·迈尔斯共同创办了公司，提贝特说自己是"车库里的人"，的确，NowPublic 最早就是从车库里起家的。他曾住在纽约市，他至今还记得当年他在车库里往前任公司的网站上贴出 9·11 生还者的照片，以此作为和外界人们保持联络的方式。

今天，NowPublic 已成为实践大众力量的成功案例。大众力量既是该公司的核心战略，也是执行战略的工具。事实上，如果没有大众外包，NowPublic 也就不会存在。其运作概念仍然是新闻是由大众产生并为大众产生的，由此大众才能看到他们感兴趣的内容，而不是新闻机构觉得有价值的内容。

提贝特当初是怎么想出这个创意的？他做了哪些可行性分析？NowPublic 草创初期，连同提贝特在内共有三位合伙人；当时提贝特已从事网络事业 13 年，他开始对博客和远程无线装置产生兴趣，这时 Wi-Fi 技术与拍照手机刚好开始流行。他懂得这些科技，并开始在博客中写这些东西。他还注意到，有些网站让人们把拍照手机拍下的照片贴上网站，并为照片编写标题。于是，提贝特把这两大要素结合起来，在他的网站后台切出一小部分，让人们在上面贴照片并搭配相应的标题新闻。他发现这个网站受到了异乎寻常的欢迎。事实上，人们的反应显现出：网站访问者并不在乎他说了些什么，而是对其他人贴的图片新闻非常感兴趣。于是，NowPublic 的概念基本上就在回应"顾客"的兴趣中诞生了。

提贝特本能地采用了一种绝对以顾客为中心的方法来判断他是否碰上了值得追求的机会。他表示："过度依循惯例或者过度规划谋略都是欠妥的。我认为成功的 Web2.0 公司都是善于机变的。"他解释道，Flickr 也经历了同样的构想过程："Flickr 网站最早是从游戏起家，游戏的一部分内容就是让人们把相片放进一个鞋盒。没多久，网站创始人发现人们对游戏本身并不那么感兴趣，而是对鞋盒更感兴趣。于是，Flickr 偶然地发现了人们对分享照片很有兴趣。"今天，Flickr 已成为世界知名的大型图片分享网站。

提贝特认为，"你设立某件事物的理由不一定是人们使用这件事物的理由。你必须敏锐地观察顾客的兴趣，即使你有一定的流量，你也必须找出人们观看的究竟是什么。以我的例子来说，我就发现人们观看的是照片，而不是我写的内容。"尽管提贝特在创业前作了很多规划，但他的例子显示，理解顾客并仔细聆听他们的偏好是至关重要的。

事实上，提贝特采用的是应变式规划（参见本书第一步）。我比较喜欢用"渐进式可行性分析"这个词。提贝特随着大众参与度的提高而不断扩张 NowPublic，任何公司的可行性分析都是随着大众的参与而渐进推行的。这就是平行流程。另一方面，通过决定在特定时间以前要吸引多少人访问网站、达到多少营业收入、获得多少利润，他为 NowPublic 设定了广泛的整体目标。但在另一种意义上，他也指出迈向成功必须一步一步地来，同时要将了解顾客作为指引行动的指南针。

提贝特表示："Web2.0 的神秘性之一，就是你对人性的许多假设，以及人们用自己的资源和他人的资源互动的方式都是违背常理的。"例如，他指出人们花费大量时间和精力在网站上却不索取分文报酬的现象："礼物经济、开源、免费分享与赠送的整体概念是传统商业思维始料未及的。你必须敞开心胸接纳，因为这对创业者来说可能很可怕，因为你不知道自己进入的是什么领域。"他的结论是真正的风险并不在于科技，因为现在你想做什么都可以做到。最大的风险其实发生在你把创意落实到市场上的时候。提贝特描述了其中的关键所在："市场会接受你的创意吗？由于每个人都对人们想要什么有自己的看法，人们可能会浏览你的网站，但他们这么做的原因却各不相同。"因此，对一个考虑 Web2.0 机会的创业者来说，应该在推行计划之前做充分的研究工作，但也不必详细地预测未来会如何发生演变。

简言之，大众授权的行为完全颠覆了传统的可行性分析。传统的创业者通常是在一开始就作分析，此时，创业者要权衡决策的成本、配置资源，在获得投资人核准之后就着手进行。然而大众外包却并不采取同样的方式，它要求根据潜在顾客的反应不断采取渐进式的行动。于是，大众外包的新兴事业一开始要作的可行性分析，主要是判断创意的整体架构是否值得投入，然后再作渐进式的可行性分析。

回顾步骤三

✽ 通过采用大众导向的方法，创业者在可行性分析中可以减少相当的风险。

✽ 创业者要通过分析整体产业、特定的市场分割和竞争局势，来决定产品或服务是否具有可行性。

✽ 以传统分析作为架构，创业者可以检视所创事业多大程度上运用了大众力量的六大要素。

✽ NowPublic 和无线公司是采用"渐进式可行性分析"的成功案例，这种方式只有在 Web2.0 世界里适用。

提贝特、NowPublic和大众新闻业

（2007 年 8 月 24 日，英属哥伦比亚省温哥华）

本书各章节会不时引用这次采访的精简版内容，这里收录完整版的采访内容，以作为引用参考。

理查德·古森：NowPublic 的合伙人有谁？

迈克·提贝特：除了我以外，还有两位共同创办人，一位是住在纽约的技术长迈克·迈尔斯，我们已经相识多年，另一位是莱昂纳多·布罗迪，他是一位成功的、经验丰富的高科技公司投资人，也是我的朋友。

古森：你是怎么产生 *NowPublic* 的创意的？

提贝特：我想这个创意来自我投入事业的基本方式，我深信聆听顾客的重要性，甚至在你拥有第一位顾客之前就要聆听！Now-Public 是由我们三个人共同创立的，我是从车库起家的人，是的，那的确是一个独立的车库。我当时已经在网络业待了 13 年了，我在纽约住了一阵子，然后回到温哥华看看我能做些什么。我开始对写博客和远距离无线装置感兴趣，那时 Wi-Fi 产品和拍照手机开始流行，我觉得那是我在行的领域，所以开始在博客里写这些东西，写这些无线装置如何改变我们的生活形态。然而，在写作过程中，我注意到有很多拍照手机的网站可以让大家上传照片，并自己搭配标题。于是，我在博客的后台切出一部分放相片和与之相应的新闻标题。我检查博客资料时（这在实质上就是聆听顾客），发现人们

并不在意我在博客上写了什么，而是对别人的新闻评论感兴趣。

古森：你用什么战略落实这个创意？

提贝特：就像我刚刚说的，我采用的是以顾客为中心的方法。我认为过度依循惯例或者过度规划谋略都是欠妥的，提前进行战略规划总是有极限的。我认为成功的 Web2.0 公司更是善于机变的，能够随时反映顾客的要求并做出调整。Flickr 就是这么做的一个典型。Flickr 起初是做游戏的，其中，游戏的一部分就是让人们把照片放进一个鞋盒，不久，他们发现人们对游戏本身并不怎么感兴趣，反而对鞋盒兴致勃勃。于是，Flickr 偶然地发现了人们很喜欢通过一种可以让用户把他们感兴趣的东西做成书签的工具来分享图片，那才是他们使用 Flickr 的原因。由此，Flickr 还发现，这个工具可以为用户浏览的内容提供 RSS 订阅。因此，我认为（我把这个认识也融入了 NowPublic 的创建当中），你设立某件事物的理由不一定是人们使用这件事物的理由。你必须敏锐地观察顾客的兴趣，即使你有一定的流量，你也必须找出人们观看的究竟是什么。以我的例子来说，我就发现人们观看的是照片，而不是我写的内容。

古森：这种方法（亦即"看大众把我带去哪里"）在战略上有什么含义？

提贝特：一方面，我认为公司可以拥有广泛的整体商业目标，例如，在特定时间以前要吸引多少人访问网站、达到多少营业收入、获得多少利润，等等。但另一方面，我觉得迈向成功通常必须一步一步地来。Web2.0 的神秘性之一，就是你对人性的许多假设，以及人们用自己的资源和他人的资源互动的方式都是违背常理的。"礼物经济"、开源、免费分享与赠送的整体概念是传统商业思维始料未及的。你必须敞开心胸接纳，因为这对创业者来说可能很可怕，因为你不知道自己进入的是什么领域。真正的风险不在于科技，因为你现在想做什么都可以做到，最大的风险其实发生在你把创意落实到市场上的时候——市场会接受你的创意吗？当然，每个人都对人们想要什么有自己的看法，作为创业者，面临的挑战就在于你发现人们经常浏览或使用你的网站，但他们这么做的原因却出乎你的意料。

古森：在 *NowPublic* 上面贴新闻的人有报酬吗？

提贝特：当然没有。不过也有例外。比如，我们和全球最大的新闻机构美联社达成协议，如果我们的成员上传的精彩影片或照片被他们选上，美联社就要付款取得。这为我们的成员提供了赚钱的机会，当然这方面是没有保证的。

NowPublic 的目标之一是开始扩张渠道，让人们可以凭借头条新闻或网页上的广告从中赚钱。不过，目前的获利方式是通过我们的合伙人，他们本身就是在付款取得内容。另一种产生收益的方式是偶尔有些人会支付"小费"给我们的成员以获取新闻，就像你付小费给服务员一样。

古森：报酬有多重要？会不会产生反效果？

提贝特：这个问题很难回答，虽然人们总是喜欢获得某种形式的报酬，但 Web2.0 公司通常是在不付费的情况下整合用户的内容。例如，Google 就是把从大学网站到个人和公司网站上的用户自创内容进行整合的佼佼者，但他们都没付费。Google 是全球最大的媒体公司，他们可以通过广告获利。我想，对 NowPublic 来说，关键在于确保让那些给我们提供新闻内容的人们获得某种正面效益。

古森：是什么在激励人们贡献内容？

提贝特：这是最难解答的问题。我们已经发现人们对网站做贡献的原因主要有四种。第一种，有一小群人以半专业的形式提供内容，这些人希望借此获得报酬。

第二种，另一群人并不是为了钱而提供内容，但他们希望以某种形式证明他们从中获得了报酬。他们是非专业的记者，希望通过我们的网站获得肯定或信赖。他们可能因为所提供的新闻故事而获得名义上的报酬，比如 10 美元，但那只是表示他们做了有价值的贡献。

第三种，有些人发现他们不需要太多专业或努力就可以赚点钱。他们以被动参与者的身份参与网络流程，从而每个月赚点钱。这和在 AdSense 上每个月赚个 10 美元的情况差不多。我们的网站现在也有这种东西，而且还会发展。

第四种，还有一群人只是单纯地参与和上传内容，而不想要获得任何报酬。

不论人们出于什么样的原因为网站贡献内容，总体看来大多数人都是把贡献内容当做自我表现的一种方式。有些人希望获得知名度或肯定，有些人的动机和闲聊一样，只是希望别人能听到自己的意见。这就像任何一群人聚在一起（不论是在酒吧还是咖啡馆）彼此交流想法一样。人们具有社会性，他们想和其他人建立联系。当受到悲剧性灾难重创的时候，人们这么做可能只是为了相互疗伤。例如，卡特莱娜飓风以后，我们有好几千人不断地发帖讲述故事。我们发现，值得报道的灾难事件发生之后，人们都热衷于谈论它。

古森：网站成员贡献的内容中有反社会的吗？

提贝特：成员们贡献的内容有两种。

第一种是含有政治动机的内容。有人可能认为主流媒体没有报道某件值得报道的事，有些人可能认为主流媒体在决定更多地去报道哪类故事时带有既定的政治立场。不过，我们不带任何政治立场，我们希望 NowPublic 是大家的平台，而不特定主张某个立场。在这方面，我们的方式和许多带有意识形态的博客不一样。

第二种内容比较有趣，是以"长尾"理论为基础。以前有很多内容因为成本的考虑而不会被报道，新闻的大众外包之所以可行，就是因为我们可以报道以前因为考虑成本而被放弃的新闻。在这层意义上，我们和主流媒体是相反的，我们可以报道他们不能报道的新闻。但是，这更多的是基于成本考虑，而不是出于政治动机。这提供了一个大好的机会，因为世界上有那么多事情发生（比如团圆等等），主流媒体报道不完，而人们又对这些事非常感兴趣。

古森：*NowPublic* 投入大众外包有多久了？

提贝特："大众外包"一词出现时，我们的公司已经运作了两年半。"大众外包"正是我们在找的流行语，只是我们没聪明到能够自创这个词汇而已。在很多领域里，大众外包已经变成广为人知的词汇，这也让我们在解释我们的运营内容时更加省事儿。

古森：为什么你们自称是"大众共创"新闻而不是"大众外包"新闻？

提贝特：我们决定不用"大众外包"一词是因为我们想强调每个公民都有权共创新闻的概念，我们觉得"大众共创"是个正面的概念。相反的，大众外包更像是和公司降低成本有关的经济术语，"外包"这个词就经常给人这种印象。我们要强调的是大众有权参与流程，而不是让他们觉得新闻工作只是外包给他们而已。

古森：公司是如何在这么短的时间内快速成长的？

提贝特：首先，我们很早就投入这个领域，享有首动优势，可以在市场中建立 NowPublic 的品牌。但同时，率先投入也有缺点，因为我们是在开创新的领域。我们的网站最初很难用，我们必须解决一系列的问题。

第二，我们的公司名字取得好。"NowPublic"让人们觉得我们在做有意义的事。我们发现讲究道德和正面改变世界对市场行销是很有力的支持。我认为我们给人们的正面观感让我们可以吸引与留住真正优秀的人才，并吸引很多成员，甚至有助于我们融资。

第三，我觉得我们大部分的成功都是来自于聆听人们的意见。例如，我们会到 Flickr 和 YouTube 上说："你有一张关于某个新闻故事的很好的照片，或者一段很棒的视频"，然后询问对方是否愿意分享，他们会说"没问题"，但是他们可能在硬盘里找不到那张照片或那段视频。所以听到会员表达这样的想法时，我们就会设法开发工具帮他们解决这个问题。

第四，我们一直努力将自己整合到持续进化的 Web2.0 世界里，努力了解顾客的行为和最佳实践，摆脱预先的假设。我们发现，公司应该有什么样的正确反应，这并不是显而易见的。就像我刚刚说的，你不会想到阻碍大家贡献内容的障碍竟然是他们忘了把照片存在硬盘的哪里，你想的可能是要付多少钱才能让人提供照片或者弥补他们失去照片所有权的损失。有很多经验都是通过不断学习积累出来的。我们找出阻碍人们充分参与网站的障碍，并成功地解决这些问题。

古森：你们需要做出迅速的反应吗？

提贝特：那当然。现在是顾客真正掌权的时代，你越是善于利用这一点，就会得到越好的成果。反之，越是反抗，就越是麻烦不断。

古森：你们是如何扩大网站的？

提贝特：首先，网站流量一直很稳定地增长，不过出现过一些转折点。当我们开始运营时，引起了很多议论。后来我们获得了硅谷所谓"十万帮"（Gang of 100 000）的帮助，他们是科技先驱，也是第一批投资 Flickr、参与 Web2.0 研讨会的人，他们左右着硅谷的品位。有些议论是和个人有关的，有些是和科技有关的。例如，发明了 RSS 的大卫·温纳有个博客，其内容虽然有点难懂，但影响力很大。温纳在科技话题上有专业背景和可信度，所以很多人订阅他的 RSS。有影响力的人士可能都开了自己的博客，他们的博客可能会变成 del.icio.us（http：//del.icio.us）等社交书签网站当天最热门的标签。

NowPublic 发展初期，我们因为有幸加入那样的网络而获益不少。

第二，很重要的一点就是让与我们链接的网络认为我们有很有趣的想法。我们希望获得有影响力的意见领袖的认同。

第三，卡特莱娜飓风是我们网站流量发展的一个转折点。发生 9·11 恐怖袭击时，我正在纽约，这让我发现危机期间人们急需沟通和报道。卡特莱娜飓风来袭时，我们说如果情况恶化，就要准备好相关的技术，让人们可以贴标签和照片，为失踪的人提供传播媒介。尽管我们做了准备，但服务器还是因为流量过大而瘫痪了，不过我们很快就恢复了运行。由于我们对飓风事件做出了多元和及时的报道，我们提供的信息被全球六七十家报纸引用，于是，公司的知名度立刻暴增，而如果要靠花钱做广告来达到这个效果的话，我们是永远支付不起的。从经济的角度来看，报道飓风事件给我们带来了巨大的成功。我们的动机并不是商业利益，而是为了帮助他人。我从中学到的经验就是：有时候做对的事情也能获得金钱上的报酬。

第四，我们因为知名度大增，所以获得更多的宣传机会，网站也因此更广为人知。例如，有些学术界人士开始有兴趣研究我们并发表相关研究成果，我也开始受邀到多种研讨会上演讲。

古森：你们如何让公司持续成长？

提贝特：我们想打造全世界最大的新闻组织。如今我们的公民记者人数已经让任何新闻机构相形见绌，但这是一种"苹果对苹果"的同类相比吗？不。我们有一些优秀的新闻人员，但总体来看水平仍然参差不齐。如果我们的新闻人员能够建立某种可信度，那这就会是一种同类相比了。

我们有两大目标可以推动 NowPublic 未来的成长。第一，我们想组织一大群公民记者，以便世界各地发生事情时，我们都有人现场报道。第二，我们想培养一群可以让报道产生公信力的人才，让我们的全球报道成为备受推崇的可靠新闻服务。

古森：你们的新闻报道有多可靠？

提贝特：我想我们和维基百科差不多，虽然都是由志愿者来贡献内容，但基本上也和其他来源一样可靠。我想有些人之所以对我们的报道系统提出质疑，是因为既得利益者想做无谓的抗争，他们想维持中央控制媒体的局面。

DEVELOPING AN EFFECTIVE CROWD-POWRE BUSINESS MODEL

第四步　规划有效的大众力量商业模式

iStockphoto 的创办人布鲁斯·利文斯通在六年内把对摄影的热情转变成 5 000 万美元的回报。iStockphoto 是一家革新了全球影像图片库产业的 Web2.0 公司，该公司提供创新方案，帮助非专业摄影者把影像传播到全球市场上。在这一过程中，他们既帮助摄影者赚钱，也帮助设计师、非营利机构、中小企业家省下一大笔钱。同时，很多专业摄影师因此业绩下滑或没了生意，过去他们叫价 100 美元的照片，如今只要 1 元就可以买到，因而很难和 iStockphoto 竞争。

利文斯通热爱摄影，他从 2000 年开始设立网站让人们散播免权利金的照片。一开始他只是出于热情，并没有当成事业来做。2002 年 2 月，利文斯通向网络社群解释他需要产生营业收入才能维持网站的运作，社群便决定每张照片收费 0.25 美元，主要用来维持网站运营，并向摄影者支付 20% 的佣金。直到 2004 年，iStockphoto 才正式变成营利事业，其商业模式也从此改变，佣金比例从 20%~40% 不等，视照片的销售量和 iStockphoto 是否拥有独家影像权而定。如今，每张照片的卖价介于 1 美元到 20 美元之间，图片库里约有 270 万张照片。

iStockphoto 体现了 Web2.0 公司的一大关键特质：创造生气蓬勃的网络社群，大家因共同的热情而为网站贡献内容。iStockphoto 最近名列全球五百大流量网站，被誉为"同类型创造性社交网络的先驱之一"。

虽然 iStockphoto 运用了大众力量，也常常被称为顶尖的"大众外包"公司，但我并不把它视为大众创业公司。当然，它取得了巨大的成功，因为有一大群人在使用它的平台。但关键的差异在于，其网站成员并不为公司核心战略中某个特定项目一起合作。如果 iStockphoto 把成员贡献的照片组成大幅的拼贴画，然后把它当成商品出售，那么它就是大众创业公司。但事实上，iStockphoto 只是提供平台让人们做生意，顺便从中收取费用而已。

以上提到的 iStockphoto 的故事显示了 Web2.0 商业模式是如何随公司的演变而发展的（该公司一开始只是出于兴趣而建立的网站，后来才决定如何从中谋利）。盖蒂影像（Getty Images）是传统的高成本图片库供应商，2006 年以 5 000 万美元收购了 iStockphoto。

商业模式的重要性

每个事业的核心以及每个投资人简报的重点，都是回答一个基本的问题："我们如何获利？"我读过许多运营企划书，听过许多商业简报，但大家要么没有明确地回答这个问题，要么说服力不够，甚至只字未提。这样的公司注定要以失败收场。公司对获利方式应该有清楚的概念。如果是新事业而且融资又是关键，那么所计划的获利方式必须和潜在的投资人产生共鸣。也就是说，要让投资人买单或有豁然开朗的感觉。所谓公司的"商业模式"，说白了就是获利方法。

公司的商业模式是竞争战略、资源运用、关系结构和顾客界面的组合。商业模式还必须考虑到公司如何创造持久的价值。每家公司的商业模式必须是独一无二、难以复制的。要掌握特殊利基，需要的不只是专利科技或者秘密配方，还需要比其他公司更卓越的执行行动计划的能力。

由上可知，商业模式应该被视为核心，但它并不是静态的，应该得到持续改善和修正。在做完正确的可行性分析之后，就进入确定商业模式的阶段，亦即要讨论如何为公司制定核心战略、合伙模式、顾客界面、特殊资源、创造价值的方法。成功的绩效取决于制定了什么样的商业模式以及与之配套的执行能力。

清晰明白的商业模式是很重要的，因为它有四个功能。首先，它作为可行性分析的延伸（参见第三步），指出了公司如何创造持久的获利。如果对这件至关重要的大事没有进行彻底的思考并加以落实，事业就没有长期前景可言。传统的可行性分析通常无法预测出所有的挑战，所以商业模式还需要不断修正。第二，商业模式关注的是所有商业要素如何组成一个可行的整体，它促使公司关注主要目标。第三，它让公司判断促使商业模式运作的主要关系。第四，它向公司所有利害关系人（从员工到战略性合作伙伴）说明公司的核心逻辑。

有效商业模式的要件

之所以出现网络泡沫化，是因为很多公司创业时并没有能够自我维持的商业模式，完全依赖当时似乎会资助他们烧钱计划的火热市场。如今，商业模式和当时一样，都和以下的基本议题相关：真的有顾客愿意购买产品吗？如果有，是如何形成的？事业能够获利吗？如何获利？要追求 Web2.0 机会而开发和执行合理战略时，本书列出的步骤十分关键。

有效商业模式的第一要件，就是公司必须清楚地定义并说出核心战略。这与公司的远见和使命有关，我们在前言中提到过。从逻辑上讲，在公司决定了想要变成什么样子以及如何运营之后，自然就可以找出达成目标的核心战略。这个过程可以为公司界定产品或服务的范围和差异化提供基础。例如，公司可以在价格、品质、方便性等方面和竞争对手区别开来。

第二个要件和公司的战略性资源有关，公司的战略性资源之一就是公司的核心竞争优势，亦即公司产品或服务有什么独特性以为公司创造独特的利基市场？公司必须对一件或多件事情在行才能维持竞争优势。另一项资源是公司所拥有的战略性资产。公司有独特的流程、财产或其他资产是难以复制的吗？总之，公司应努力结合核心能力与战略性资产，以创造可防御的竞争优势。

商业模式的第三个要件是战略联盟与合伙。对任何一个公司来说，尤其是资源有限的新创事业，这都是一种大幅扩充能力的办法。战略性合伙可以让公司获得专业公司的人力与资源，而无需以自有资金获得。有些战略性合伙关系可能是排他性的或者享有优先权的，从而为公司的竞争优势提供进一步的支持。

公司商业模式的最后一个要件就是和顾客互动的方式。不论是电话服务、私底下接触、售后追踪，公司每次和顾客互动时，都必须小心地为顾客提供价值。在某些产业中，顾客互动是少有的差异化关键。例如，各大航空公司大多是向波音或空客购买飞机，所以明显的差异化并不体现在飞机身上，而是体现在顾客和空服人员的互动上。

网络广告和行销战略

前面对商业模式的重要性及其四个要件的讨论为第四步提供了一般化的背景。现在，我们要进一步来看如何规划有效的大众商业模式。第一个应该检视的项目是网络广告潜在的收益，当然，任何吸引流量的网站都可能获得广告收益。克里斯·布雷克斯是 6S（www.6smarketing.com）的总监和共同创办人，过去十年专门做网络行销和广告战略，本节的大部分信息都来自于我对他的专访。

大多数网络商业模型都依赖成功的广告战略，广告战略成功即可吸引足够的浏览人数。虽然还有其他在网络上获利的方法，但在这里我着重关注广告模式。以广告模式为指南，网络事业成功的起点就是尽可能地吸引庞大的流量到网站上。

那么，怎样增加网站的曝光度呢？公司可以在其他合作网页上建立链接（文字链接或包含公司商标的图案链接均可），这些合作网站就是所谓的"联盟网站"。分析师们估计一般会有 1% 的网站访客点击进入链接的网站。这些链接还有一个好处，即提升 Google、雅虎、MSN 等搜索引擎所判断的网站热门度。这些搜索引擎基本上是以指向该网站的链接数来评估网站有多热门。

根据公司与联盟网站的协议，联盟网站在和基本客户互动的内容中，应该放进公司的参考资料与网站链接。在寄给会员的电子邮件方面，业界估算的标准比例是：有 12% 的会员会从电子邮件点击进入公司的网页，然后成为网站的成员或用户。

有时候，一些公司搭配寄送的直接邮件（DM）也可以发挥有益的作用。很多公司是利用 DM 或电话与会员联络。公司可能也想寄广告插件，把插件放进联盟公司寄送的邮件中，引导收件人链接到公司的网站，以追踪的网址衡量活动的成效。据保守的产业标准估计，约有 1% 的收件人会访问公司的网站。

新公司的网站也应该有积极的搜索引擎行销战略，通过多种相关的关键词搜索，引导新访客链上公司的网站。另外，网站也应该有动态优化技术，确保所有用户自创的内容都可以马上让 Google、雅虎、MSN 等搜索引擎搜索到，这些内容应该要改成方便检索程序编制索引的格式。

搜索引擎战略是长期的对策，可能在未来几年带来惊人的流量。用户点击付费方案的搜索引擎战略也可以马上激起人们对网站的兴趣，提升网站的知名度。一般说来，约有 10% 的搜索引擎访客会变成新网站的会员。

另一个和搜索引擎行销战略相关的议题则是出售网络广告，有两种选择。一种是使用 Google AdSense 程序。Google AdSense 是通过 Google AdWords 把广告空间卖给广告商刊登广告的工具。基本上，公司是让 Google 在网站上打广告，然后根据点阅广告的人数赚取广告收益。这就好像公司拥有广告看板，但让别人管理，自己则从广告收入中分红一样。Google AdSense 的安装和管理都很容易，所以对新事业特别有吸引力。公司的 AdSense 账户可以自己设定，自选文字或影像的大小和格式来呈现广告，广告商也可以选择广告出现在网页的哪一块区域。Google AdSense 广告是公司卖广告的"预设"方式，如果公司不卖自己的广告，Google 刊登的广告就会占住广告空间。如此一来，每次网页浏览都可以帮公司获利，这对新公司来说是很有吸引力的方式，因为这种广告方式不需要向 Google 支付佣金。

第二种方式是由公司管理自己的广告系统，就好像公司拥有广告看板，自己出售和管理广告空间一样。做法如下：公司需要开发广告管理系统来管理多种广告形式，广告以多种形式出售，例如区段赞助、千人成本广告（CPM）或者点击广告（CPC）等。广告管理系统让广告商可以从网络界面登录看自己的广告，也可以用最方便的方式随时发挥创意编辑广告。

有些网络公司也通过向会员寄电子邮件的方式做广告。电子邮件发送系统也可以用来管理会员，确保公司遵守反垃圾邮件的法规（即不滥发电子邮件、允许收件人可以删除其邮件）。如果公司决定设置电子邮件系统，应该设定"选择性加入"（opt-in），让会员可以随时选择"订阅"和"退订"。公司必须谨慎使用数据库，严格遵守隐私规范。

在网站开设以前很难预估流量，公司的流量预估通常基于几个假设：其他网站的链接数量，联盟网站寄电子邮件给会员时是否提及公司的网站，在直接邮件里信息成功传达的程度，通过搜索引擎营销所做的网络广告活动的预估成功度，等等。网站的主要目的是鼓励访客申请账户，提供他们的名字和电子邮件地址，把访客转变成会员。当然，这个转换率很难估计。搜索引擎营销的效应是随时间逐渐积累的，最初六个月的流量有限。通过把用户自创内容转化成搜索引擎可搜索到的模式，开站一年左右，来自搜索引擎的流量就会变成网站流量的主要来源。成功地吸引流量非常重要，毕竟，无法吸引大众就不可能做到大众外包。

如前所述，营利网站的主要目的是把访客变成会员。Google Analytics 和 Google Website Optimizer 等网站分析工具可以用来检视哪些方式有效、哪些方式无效，有助于公司提升把访客转换为会员的转换率。另外，公司网站也应该提供激励，鼓励访客申请加入会员。通常这意味着网站的很多服务"只限会员"使用，而非会员可以看到却不能用，这就鼓励了他们加入会员。会员资格也促使他们和其他会员互动或为网站做贡献。不过，公司还是应该提供许多内容让非会员读取，但其中应包含鼓励非会员注册的信息。

完成上述工作之后，下一步就是把会员转变成积极的参与者，变成会员的大多数访客都是受到最初的鼓励号召而加入的，一旦他们完成当初激励他们加入的任务或项目之后，网站就要继续和他们互动，才能确保他们持续参与网站活动。换句话说，网站的特色与功能必须具有互动性和"黏度"，让会员一再回来。公司可以用系统邮件提醒很久没有上网的会员回到网站，并鼓励档案不完整或信息过时的会员重返网站。一开始，大约有90%的会员需要以内部信息、持续沟通、互动等方式才能维持他们的积极参与。

随着网站的人气越来越旺，有些会员的贡献可能比其他会员多。他们可能经常和其他会员互动、反馈意见、修正网站的问题或使用网站的功能。很多网站把这些会员称为"支持者"。公司应该找出这些会员，提供激励使他们帮忙建立社群。所有会员中大约有1%会变成支持者。

大众商业模式的四要件

上述广告策略为大众商业模式提供了重要的背景。不论网站和大众有没有联系，所产生的流量都可以为公司带来广告收益。本书所举的例子都是能够产生庞大流量的大众网站。

那么，除了带来广告收益，大众力量还能以什么样的方式融入公司的商业模式呢？公司可以用四种方法把大众力量整合到商业模式中，以实现收益最大化：避免根据极少数顾客的反馈意见作出决策，以此降低风险；通过参与式决策减少支出；提升品牌价值和忠诚度；创造额外的收入来源。

第一，大众商业模式可以帮助公司减少因信息不足仓促决策而造成昂贵代价的风险。运用现代科技的公司可以向大众征询有关战略决策的意见。例如，弗鲁瓦格鞋业每个季度都会提出三四条不同的商品线，并询问顾客最喜欢哪一条线。同样的，寒武纪工作室也会在开发新软件时向大众征求创意，把大众的创意浓缩成一个清单，然后再以网上投票的方式请社群选出最好的创意。这其实就是大众外包的企业战略。

第二，大众力量让公司把任务外包给大众中的成员，借此减少内部开销。对这些成员来说，在社群里的地位或发挥创意等非金钱性质的报酬才是激励他们的诱因。公司即使举办比赛并给获奖者发奖金，举办比赛的成本通常也比项目外包要少。因此，当公司从大众中采集集体智慧时，可以弥补自身资源的不足。InnoCentive 就是一例，它是大药厂 Eli Lilly 为了降低新药的研发成本而推出的大众外包公司。InnoCentive 网络中有 12 万名会员，所有会员都需要注册、写一段自我介绍、说出自己的兴趣爱好。会员为了参与公告的计划，必须以"解题者"的身份注册。InnoCentive 运用大众外包来降低成本，这种情况会持续多久并不确定，他们似乎有意提供一些奖励给对企业有贡献的参与者。到目前为止，金钱奖励通常是象征性的，还无法成为贡献者的生计来源。

第三，大众商业模式可以培养品牌忠诚度。一般来说，用户的互动与贡献越多，对产品的忠诚度也就越高。把顾客直接纳入公司社群，还可培养成员间的归属感。例如，弗鲁瓦格鞋业的会员就自发形成会员网络，展现了对弗鲁瓦格的归属感。弗鲁瓦格的品牌把大家联合起来，界定他们的社群。InnoCentive 则鼓励网站成员（顾客）为公司的未来发挥创意，以培养消费者的忠诚度。虽然很难量化提升品牌忠诚度对销售量增加的直接效果，但这对公司来说显然有正面的意义。

第四，大众力量可以增加创造营收的机会。目前还没有很多模型可以这么做，寒武纪工作室是少数的案例之一，他们主要是采用大众外包的方式。寒武纪工作室预期，未来不仅靠日益增长的会员数量来产生广告营收，也要从平台上的交易中产生营收。以下说明寒武纪工作室模型在两年内的发展。

寒武纪工作室两年来的商业模式发展

寒武纪工作室是研究大众商业模式的最佳案例，尤其是在"大众外包"方面。他们已经花了两年多的时间改进商业模式，并实验了不少新的创意。由于史无前例，它成为目前创新商业模式的一个最好例子。

寒武纪工作室的商业模式包含短期要素和长期要素。短期要素和增加现金流的直接收益来源有关，长期要素则有助于积累企业的价值。关于商业模式的短期要素，寒武纪工作室于 2007 年年初以三种方式说明了其商业模式。第一，"流量是指标，我们吸引的是独特或目标大众"。大众通常是由注册加入的个人组成的，他们的价值和他们上网站的时间长短有关，这一点也呼应前面提到的广告营收。

第二，寒武纪工作室在 2007 年的简报中提到，他们打算从运作平台获利。成员在网站上交易时，寒武纪工作室就作为中介者。2007 年年初，寒武纪工作室提到这个潜在营收来源时表示："虽然以目前的营收来看，市场规模很小，但潜在的市场规模很大，和目前的投资额相当。"

第三，寒武纪工作室指出，他们还希望参与从运作平台衍生出来的事业以求获利。创办人西科斯基表示："寒武纪工作室把一些事业切割出去独立运作时，也可以从中获利。部分是股权投资，其他是实际参与（例如后面会提到的 Gwabs 电子游戏）。"寒武纪工作室可说是交换创业点子的场所，不过他也指出："由于我们是资金有限的小公司，我们能独立出去运作的事业有限，所以我们都是通过部门获利（下面会接着说明其部门）。"

关于前面提到的商业模式的最后两点，由于大众外包公司是先从大众取得点子，然后再评估应该投资哪个点子，所以公司很难预估营收。虽然大众外包公司可以证明它拥有"大众"的支持，但公司无法实际估计产品在全球的接受度。

大众外包商业模型的另一个困难是：只要资金不够支应每个月的现金流量，这个事业就只能是一个有截止日期的实验而已。寒武纪工作室很清楚这一点，例如，他们在 2007 年 1 月的投资人报告中提到："2007 年 4 月底完成这次两百万元的融资以后，我们预计会有 18 个月的运营资金。"公司虽然努力开发品牌、网站流量、会员人数、额外的营收来源，但是没有持续的营收，这一切努力的成果也是有限的。

除了三个短期要素以外，商业模式还有两个长期要素。第一，公司会员的累积。寒武纪工作室证明了：大量地累积会员和访客，可以为公司创造价值。对此，西科斯基解释道："我们是靠会员孕育事业的价值。"基于公司目前的焦点以及和类似社群网站的比较，他认为公司的价值大约可以按每个成员 20~40 美元来计算。然而，这也要公司出售时才有那个价值，他们只是借此希望特殊买家能够从公司累积的会员人数看出公司的价值。第二个长期要素是为了促进大众外包而建立的技术价值。为公司创造长期价值时有一个重要的议题：技术是不是有专利权。西科斯基表示："平台是无法复制的，要复制相当困难。你可以观察我们的网站，模仿基本的概念，例如个人档案、标记等等，但却无法模仿我们的 Chaordix 运作系统，它真的是我们非常非常深入的技术平台。"

本书前面提到过寒武纪工作室的四个潜在获利中心（或称"部门"）。现在我们从商业模式的角度来看各个部门如何运作。

部门一——寒武纪工作室平台：Chaordix运作系统

Chaordix 运作系统是寒武纪工作室持续改进大众外包平台的结果，他们把 Chaordix 打造成促进点子开发、评估与推动会员互动的架构。他们打算以下列方式产生营收。

第一，根据网站上的交易收费。西科斯基表示："我们还不确定收费的比例是多少，我们会让社群和市场来决定。"其具体收费的概念就是，如果某位社群会员有一家公司，另一位会员愿意以 100 元的价格帮他设计商标，寒武纪工作室就会再加收 1% 的交易费，使总金额变成 101 元。西科斯基不希望因为征收"刊登费"而导致大家不愿意贴出交易信息，但他觉得收取微薄的"刊登费"还不至于对成员交易产生很大的影响。他估计交易费一般会介于商品或服务价值的 0.1%~1% 之间。

当然，其中的挑战就在于人们要为以前免费得到的东西付费了。西科斯基相信，寒武纪工作室可以做这样的交易，他记得 e-Bay 当初提高刊登费时，虽然有些大卖家进行了反抗，但最终还是没有影响 eBay 的业务。西科斯基表示："如果你建造的东西既实用又有吸引力，你就基本上可以进行收费。我们已经提醒我们的社群未来会收取费用了。"

西科斯基还举了 iTunes 的例子作参考，他认为 iTunes 的例子证明，只要以适当的价格提供服务与方便，以前免费获取服务的人们也会愿意付费的。同样的，电台司令乐队（Radiohead）最近发行新专辑《In Rainbows》时，以"愿付多少就付多少"（pay-as-you-please）的方式提供下载服务，也证明了网络上大多数人哪怕是在可以免费获取的情况下也愿意为高品质的商品付费。当然，第四步一开始就提到的 iStockphoto，也是一个从原本免费逐渐演变成收费服务的案例。

Chaodix 的第二种营收来源是营销费。在 Chaodix 运作系统中，会员可以规划一套服务方案，用来推销某种商品或服务。会员开始销售他们的商品或服务时，要先定价，例如一个月 10 美元，或者一件 100 美元。不论定价多少，寒武纪工作室都从中收取 10%的费用。从本质上来说，这很像传统的中介费。

部门二——Prezzle

Prezzle 是包装电子礼券的互动式礼盒，已经试过多种获利方式，有些方式成效较好，有些比较差。原始的商业模式（后来公司成为 Prezzle1.0）是对 Prezzle 包装的每份礼券收 0.97 美元，如果同时加送实体花束，每个 Prezzle 收 5~8 美元。2005 年 5 月，寒武纪工作室推出搭配实体花束的母亲节赠礼活动，结果业绩让他们非常失望。他们也在纽约做过发传单实验，正如他们在给投资人的报告中指出的："我们请纽约一家营销公司帮我们发 Prezzle 宣传单，希望能在纽约掀起热潮，迅速向西传播，但结果显示，纽约的流量只有小幅增加而已。这使我们确信了原本认为应该全面采取网络营销战略的直觉。"

2006 年 7 月，寒武纪工作室开始开发 Prezzle2.0，内容包括改造网站和采用全新的 Prezzle 礼盒与包装，但公司后来表示成效不彰。2007 年 2 月，他们宣布重新评估目前的商业模式。8 月，在公司的年度大会上，公司宣布同时把 Prezzle 及 "贪婪或急需" 两个部门切割出去独立经营。两项产品仍归寒武纪工作室所有，但公司不提供管理支持。2007 年底，寒武纪工作室表示，Prezzle 网站已经可以自足，公司正在寻找商业化的合作伙伴。从 2006 年 4 月开始到 2008 年 1 月，Prezzle 的营收总计约 35 000 美元。

部门三——贪婪还是急需

"贪婪还是急需" 的原始企划案提到："除了 '许愿' 营收外(个人申请许愿基金时需为许愿付费)，罗宾汉基金团队也想通过广告、赞助、出售有价值的线索等方式获得营收。" 寒武纪工作室在测试阶段采用了这种营收方式，但 2007 年 1 月正式运营时，却决定取消 5 美元的许愿费。由于取消了许愿费，再加上网站的全面翻新，仅在 1 月就吸引了 1 300 多位新会员来注册。

寒武纪工作室也试用过一些亲自行销的方式来推广罗宾汉基金。2007 年，他们派一个小组到多伦多，亲自送上两万元支票给许愿获胜者，借此启动新网站的运营。但可惜的是，这种亲手送支票上门的方法并不符合成本效益。

寒武纪工作室希望通过网络广告，以及在访客捐款给许愿者时征收 10% 的捐赠费来增加营收。然而，这就面临维持网站流量的挑战。对网站来说，当务之急是继续"建立社群、增强用户体验、提供吸引人的故事"。2007 年 7 月，罗宾汉基金已经在一年间创造了 1 452.68 美元的营收。当时公司决定暂停收取捐赠费。

2007 年 8 月，公司在年度大会上宣布，他们要把这个部门切割出去独立经营。罗宾汉社群目前仍持续成长，公司表示，索尼影视国际电视公司已经委托制作人根据网站上的许愿案例制作节目。

部门四——Gwabs

寒武纪工作室预期从 Gwabs 的游戏销售和广告中获利。2006 年 10 月，寒武纪工作室建立网站，开始接受产品预订。到 2007 年 10 月，Gwabs 预订金额已达 1 011.6 美元。

总之，寒武纪工作室在过去的一年内已经产生了适度的营收，总计约 55 000 美元，其中包括产品预订。他们推出的三个部门（Prezzle、贪婪还是急需、Gwabs）都获得了不错的反响，而且已经准备好出售或作进一步的开发。不过，寒武纪工作室的创办人西科斯基认为，公司的主要营收将来自于 Chaodix 运作系统，该系统潜力巨大，但仍是未知数。西科斯基认为，公司在 2008 年有望获得一百万到两百万美元的广告营收和授权费，这和 2007 年相比是极大的增长，但在 Web2.0 的世界里不无可能。

回顾步骤四

✳ 想在新虚拟市场中成功的企业，必须具备令人信服的、实用的商业模式。

✽ 传统商业模式的四大要素是：

☞ 清楚的核心战略

☞ 战略性资源

☞ 战略同盟或合伙

☞ 顾客互动战略

✽ 网络大众商业模式需要：

☞ 网络广告与行销战略

☞ 不断改进的战略性决策

☞ 减少支出

☞ 培养品牌忠诚度

☞ 创造营收的机会

　　寒武纪工作室是网络大众共创公司的例子，它具有独特的商业模式，已历经好几个不同阶段的修改。

弗鲁瓦格鞋业和"开源鞋"

"我们每个月的点击数超过 1 000 万人次，已经获得 500 多个设计新鞋的方案和数百条关于销售哪一条产品线的建议，顾客贡献的点子总共达到 2 000 多个。另外还有照片，来自全球各地穿着我们的鞋子拍的照片。我们的网络商店和我们的零售店之一的销售业绩几乎差不多。"弗鲁瓦格鞋业（www.fluevog.com）的行销与传播主任斯蒂芬·贝利在讨论公司网络战略时引述了这些事实。

弗鲁瓦格鞋业是全球鞋业市场的利基业者，拥有顶尖的市场优势，公司让网站的访客设计他们想要的鞋款。他们对顾客的激励是行销并制作"选中"的设计，并以设计者的名字为鞋子命名。他们称网站访客为"弗鲁瓦格人"，弗鲁瓦格人可以针对鞋子的设计和公司广告提出意见。此外，这些贡献意见者还衍生出了自己的网络文化，组成了由弗鲁瓦格品牌联合起来并对弗鲁瓦格鞋业保持着热情的国际性社群。

那么，弗鲁瓦格是怎样在如今的 Web2.0 的网络环境中成功的呢？其中的诀窍就在于，它实践了大众创业的艺术。

弗鲁瓦格鞋业简介

约翰·弗鲁瓦格于 37 年前在加拿大温哥华创立了公司，并以其独特、昂贵的鞋子开发出一片国际利基市场。虽然公司的成功之路走得艰辛而漫长，但弗鲁瓦格因为款式吸引人、品质优良和大胆前沿的行销，赢得了许多忠诚的消费者。

弗鲁瓦格解释，他的顾客基础非常小——尤其是在美国，由于目标百货（Target）和沃尔玛之类的大型连锁店销售了80%的衣服和鞋子，所以他估计："像我们这样的公司只能瓜分剩下的20%的市场，在这20%中，幸运的话，我猜我们可能拿到5%的顾客。所以我锁定的市场和很多人想的不一样。"但最终，他的公司通过提供与众不同的、"个性化"的高档鞋而存活下来。

其独到之处是什么呢？它和很多事物一样很难描述，但你一眼就可以看出来。弗鲁瓦格声称：

> 我最大的优势就在于我总是拥有绝妙的东西。基本的挑战在于我们卖的不是大家需要的东西，而是风格、是感觉。我总觉得我知道为什么人们想花的钱比该花的多，这其中有一个跷跷板，也就是说，我的商品既不能太标新立异使一般人无法认同，也不能太过普通，或者卷入价格竞争，所以，我选择了一个非常特殊的市场利基。

该公司通过迎合全球各大城市的特殊客户，已经获得了持续的成长。弗鲁瓦格现在拥有从纽约到洛杉矶的九个零售点。

为了在全球市场中蓬勃发展，弗鲁瓦格需要不断地创新，事实上，这是公司产品风格的一部分。此外，弗鲁瓦格在鞋类设计上的创意也反映在公司的行销和沟通策略上，以求在高度竞争的市场中胜出。

弗鲁瓦格已经掌握网络潜力多年，网络正适合像他那样的利基业者：有成本效益的网站可以让他把商品行销给国际客群。弗鲁瓦格已经把网络当成了纯熟的工具，他的公司跟着Web1.0到Web2.0的整体趋势发展，已经从静态的展示商品信息转变成互动式网站，让忠诚的顾客可以参与，并进一步提升顾客的忠诚度。弗鲁瓦格是怎么做的呢？

工具和大众外包

目前，Web2.0 世界的一大特色就是集体协作及其多种衍生品。许多公司发现，大众的价值不仅体现于发帖中，也体现于产生创意和与公司就某个项目进行合作之中。

弗鲁瓦格采用的就是大众创业模式。他们的网站鼓励顾客参与各项活动，从产品创造、产品行销，到分享体验、和公司直接互动。公司的网站提供给消费者许多反映意见的机会，让潜在顾客为公司贡献意见、创意和信息。

弗鲁瓦格在网络上的成功有目共睹：其网站已经获选为网上十大顶尖大众外包公司之一。他们成功地把大众力量与大众外包的特定要素整合到传统实体零售公司的战略之中（这和亚马逊等公司纯粹依靠网络销售不同）。不过，具体说来，弗鲁瓦格的大众创业方式有哪些独到之处呢？

弗鲁瓦格以三种方式把大众力量当做网络工具：第一种方式是"弗鲁瓦格人之声"（Vogpopuli），这当然是借用了拉丁语"vox populist"，意思是人民之声。弗鲁瓦格人之声是公司向大众发问的论坛。网站上是这样解释的：

> 没错，弗鲁瓦格人，你就是历史的一部分，这是全世界弗鲁瓦格人聚集发出声音的地方，而你的声音我们一定会听到。我们会时常向你征求智慧，请你对公司各个方面的决策发表意见，从广告到鞋款、从颜色到混合剂，等等。弗鲁瓦格人在网上形成的星系是无与伦比的。

公司目前提出的问题包括公司应该生产哪些鞋款、应该在哪些杂志上刊登广告，等等。惊人的是，公司在提问后一周内就会收到2 000多条回应。

第二种方式是设立"Flueshots"的网页，让弗鲁瓦格人张贴他们穿某种鞋款的照片。网站上是这样解释的：

> 弗鲁瓦格人形形色色，我们想给大家一个展示你穿上弗鲁瓦格鞋子的地方。我们知道你的电脑上有一些特写的照片，它们很想和其他类似照片一样向全世界展示。告诉我们你的名字和所在城市，上传你的照片（请不要上传粗俗的照片，因为弗鲁瓦格人的年龄、人种、地区各异）。

全世界的照片如雪片般飞来，有些人还附带分享了他们的旅行体验。

第三种方式就是备受瞩目的"开源鞋"概念，即让弗鲁瓦格人提出设计新鞋的各种创意，这是未来最接近大众外包本质的网站特色。网站上解释了其中的流程：

> 你的想象力走在整个鞋业的前面吗？你已经厌倦了等待制鞋商追赶上你的想象吗？这是和真的关切你需求的人合作的机会。你只要提出卓越的创意，哪怕只是关于鞋子某一部分的设计，也可以写下来，寄给我们。我们不在意你把创意写在哪里，哪怕写在餐巾纸上也行，只要我们能分辨内容就行。因此，不论是传真、寄信还是通过 email，把创意交给我们吧！

约翰·弗鲁瓦格是怎么想出 "开源鞋" 这个创意的呢？斯蒂芬·贝利回忆道： "多年来，约翰常在店里和秀展上得到人们画在纸上、餐巾纸上或名片背后的创意。" 他说这些热情的贡献者希望弗鲁瓦格能制作特殊的鞋款。所以网上大众外包的模式并不是全新的概念，只是比较有效的做法而已。正如网页所述：

> 你可以看到，我们推出开源鞋的网页已经成为我们网站上最受欢迎的网页之一（浏览人数最多的网页是约翰穿着内裤的网页）。我们根据大家的选票、可行性，以及我们对设计方案是否真的喜欢等因素来挑选鞋子的款式设计。然后我们包办所有的成本与开发流程（生产一种鞋款需要一年），帮你把鞋子拿到市场上销售，而我们既无需提价，也不用担心破产。这种运作方式相当顺利，也证明弗鲁瓦格不只是口头说说而已。你参与，我们欢喜，快来吧。

在过去的五六年里，弗鲁瓦格已经收到 700 多条建议，并采纳了其中的 12 个方案，制成实际的鞋款，让大众可以购买。贝利提及，有一位女士说根据她的车型可以设计出很棒的鞋款。她的车是 Volvo 240，如今弗鲁瓦格就有一双鞋叫做 "240 车"。

那么，建议获得采纳的人会得到金钱上的奖赏吗？没有，一开始他们只是获得肯定而已，现在他们还会获赠设计的鞋子一双。公司需要从很多不实用的点子中去芜存菁吗？事实上，大众外包必须仔细追踪与管理才有效果。有些点子可能只是浪费时间，不过那也是筛选创意过程的一部分。公司必须维持信用：必须认真地看待顾客的建议。如果大家提出建议，但公司没有聆听，创意点子与顾客的兴趣就会逐渐消失。一旦在网络上失去信用，就很难挽回了。

为了维持点子的源源不绝，公司必须不断想办法增加网站的互动性。例如，弗鲁瓦格最近在比赛报名表格中加上备注栏，约有一半参赛者都填了那一栏，公司因此收到许多五花八门的建议。随着网络人气的提升，公司必须扩大网络社群的基础架构以维持顾客的热度。

结果与大众力量

弗鲁瓦格运用大众力量获得了什么样的实际成果？首先，大众力量促进了网络社群的建立。网站的语言和宗旨营造出独特的文化，这一文化是以人们对弗鲁瓦格鞋子的喜爱为基础的。网站成员接着就会与公司建立联系，甚至在成员之间也会培养出关系。显然，社群的焦点是在品牌和产品上。弗鲁瓦格的网站是弗鲁瓦格鞋业获得成功的关键，其48%的顾客都访问过公司的网站。实际上，弗鲁瓦格的网上营收和实体零售店的总营收大致相当。但营收还不是唯一要考虑的因素，由于有动态的社群和顾客贡献创意，大众力量还帮助弗鲁瓦格赢得了顾客的品牌忠诚度。而人们认同品牌时，就会变成产品的拥护者。

贝利比较了弗鲁瓦格的顾客忠诚度和苹果电脑的顾客忠诚度。苹果热爱者为苹果的产品辩护，认为苹果产品比其他产品好，使用苹果 Mac 软件的死忠用户还拒绝跟随主流（98%的个人电脑用户都使用微软操作系统）。苹果用户觉得自己对品牌有认同感，团结起来抵抗非苹果用户。事实上，强烈认同某个品牌的人也会想要转变周围的人。贝利就看过顾客带朋友走进弗鲁瓦格的零售店，想向朋友推销弗鲁瓦格的鞋子。这种人会对公司产生一种归属感（成为创意贡献者或"产品"股东），把购买产品视为加入特殊顾客俱乐部的邀请。

品牌忠诚度可以直接通过顾客与公司的交流得以增强。贝利指出："光是得到征询就很重要。人们都希望自己的意见有人聆听，我们所做的就是聆听大家的意见。"顾客现在觉得他们是公司的自己人，而非局外人，顾客与公司之间有互助的朋友关系。因此，打开顾客与公司之间的双向沟通大门，有效的大众力量就会培养出深厚的顾客忠诚度。此外，公司可以和顾客群取得深入的共鸣。有些人可能认为，弗鲁瓦格的新奇鞋款只吸引 18~35 岁的族群，但是大众的反应显示，从青少年到六十几岁快退休的人，弗鲁瓦格的顾客群都有所涵盖。大众力量是透视大众世界的窗口，是预测大众——神秘的顾客——在想什么的直接门径。

结论：大众力量的巧妙

大众力量会创造品牌与顾客忠诚度吗？不会。那么，大众力量是促进社群形成、培养品牌忠诚度、增加销售量的工具吗？绝对是。弗鲁瓦格小心而睿智地运用了大众力量，该公司不是围绕着大众外包而创建的公司，而是运用大众外包来改善现有运营的公司。也就是说，科技不是用来界定公司的，而是用来帮助公司达成目标的。因此，大众力量不是弗鲁瓦格商业模式的基础，而是扩充既有结构的工具。约翰·弗鲁瓦格已经花了很多年培养出忠诚的顾客群，而网络通过提供更多的曝光机会，以及意义非凡的与顾客合作的方式，使他如虎添翼。

FINANCING AND GROWING
THE COMPANY

第五步　融资与壮大事业

如果一个大众创业公司所创造的营收很少，不足以支付每个月的开销，但它又是为长远目标而创建，那么会有人（当然包括复杂的投资人）愿意提供融资吗？有。位于纽约市与加州帕洛阿尔托的 Rho 投资公司就是这种创投基金公司，他们最近才主办了 NowPub-lic1060 万美元的融资案。

Rho 创投公司从 1981 年起就开始资助新兴的高成长公司，目前旗下管理的创投资金与成长股基金高达 14 亿美元。他们已经投资了大约两百家公司，在各个成长产业都培养出了市场领导者。Rho 于 2007 年 7 月主办了 NowPublic1060 万美元的融资案，为什么？Rho 创投公司加拿大分公司合伙人杰夫·格莱默表示：“Now-Public 即将改变整个媒体的版图，这让我们非常激动。从各个方面来看，包括记者、流量、媒体分布等，他们都顺利地朝着成为下一代新网络的目标前进。”

从点子酝酿到 IPO 发行，Rho 力图投资和参与融资的各个阶段。Rho 是根据以下特质来挑选投资机会的：擅长建立特别事业的出色创业团队，有营收潜力超过 5 亿美元的成长市场，具有高度商品或服务差异化的市场领导地位，有定义完善的顾客价值提案，市场存在高度的进入障碍，有可升级的、定义完善的商业模式。当然，像 Rho 这样的公司可以提供很多东西：顶尖的管理团队、技术专家、顾问、共同投资人，等等。

NowPublic 的营收很少，但它是重新界定 Web2.0 新闻性质的先驱。而它现在的营收也会逐渐增加，因为 NowPublic 已和美联社签约，美联社将对其采用的 NowPublic 的新闻内容进行付费，另外还有一般委任契约。提贝特的目标是："我们觉得 NowPublic 会是一家价值数十亿的公司，达到这一目标的方式就是建立全球最大的新闻机构。"他的战略是"锁定未来较大的机会，而不是把焦点放在目前一些可能马上盈利的选择。"NowPublic 已经找到了富有经验和耐心的投资人，比如 Rho 创投公司，该公司愿意让他们"先吃老本，持续在市场上培养动力和信誉，建立更多的同盟，然后再变成一家大型的媒体公司"。

这种交易反映出一个简单的道理：在新兴市场上对新事业进行投资所依据的一系列标准完全不同于购买具有 20 年历史的制造公司。这就是创业融资的领域。投资人看到并投资的是未来，而不是眼前的近况。资深的创业家都知道，新事业融资时会面临很多挑战，在大众事业和 Web2.0 的新领域里融资更是困难，因为能参考的成功先例并不多。而且，如今创投业者和其他金融事业的管理团队都经历过 2000 年和 2001 年的网络泡沫。那么，对于投资于今天的 Web2.0 大众创业公司，他们会从过去吸取哪些教训呢？

过去的教训

网络的泡沫最早始于 1990 年代中期，一直持续到 2001 年初。在以前的网络泡沫时代，即使是运营企划很薄弱的公司也能获得融资，这并不是因为它们达到了融资标准，而是因为融资标准已经大大降低了。各种可疑的假设促使公司的财务预期大为膨胀，但却没有受到丝毫质疑，毕竟网络看起来似乎有无限的潜力，毕竟它是一种前所未有的事物，而且似乎和普遍的商业逻辑规则相反，直到后来，网络泡沫才在普遍商业逻辑规则的迎面重击下宣告破灭。相比之下，在前言中提到过的"密西西比计划"和"郁金香狂热"看起来一点也不夸张。

网络泡沫的惨痛教训至今仍影响着投资人对网络的看法。尽管我们已经进入了 Web2.0 世界，寻求融资的创业者们还是应该吸取过去流行的惨痛教训。换句话说，寻求融资的公司需要根据目前市场的现实状况和认知来调整运营企划。

首先，仔细审查你的企划，删除任何过时的用语。要清楚地意识到用词不当的恶果，投资人一眼就会看出。简单地说"吸引眼球"到网站已经过时了，今天的流行语是"用户"和"成员"。尽管一些大众共创公司可能还没有营收，但它们应该清楚地界定出产生营收并迅速建立企业价值的方式。同样的，投资人也不想听你说你的"现金消耗率"每月只有多少美元，正如本书前面提到过的，寒武纪工作室的西科斯基在对潜在投资人说明时也避免使用"孵化器"一词，因为有许多"孵化器"公司在 1995~2000 年获得融资，结果却在网络泡沫化时都破产了。虽然西科斯基同意"优秀的公司应该是培养出来的，而不是马上产生的"，但他深知"有些投资人觉得'孵化器'这个词听起来很刺耳"。实际上，尽管别具一格地运用了大众外包，但公司所做的事和孵化器公司还是非常相似的。西科斯基喜欢把自己的公司称为"欢乐单身派对"（Seinfeld），这是一部没什么内容但收视率很高的情景喜剧。他表示："虽然我们的公司现在看起来没什么，但投资人却可以看到我们寻找交易的天分和过程。"

第二个可以从网络泡沫化时代吸取的教训就是注意推销时机。

创业者不要过早出去推销自己的事业。投资人以前之所以会投资给企划做得半生不熟甚至很糟糕的企业，是因为他们当时手上有的是钱。"孵化器"和"推进器"这类公司就像毫无自发能力的风筝，强风刮到哪里就是哪里，当强风停止时，风筝就只能栽到地上。现在，大部分投资者都会在投资给网络新兴事业之前思之再三。除非已经有了考虑周详的商业模式，甚至根据第三步讨论过的"渐进式可行性分析"把未来可能发生的变化也考虑进来了，创业者才能去找投资人融资。创业者应该根据一个简单的假设来运作：让投资人相信公司优势的最好办法，就是显示你的目标客户群现在已经在买你的产品，而不是未来某个时候才会买。对创业者来说，关键的不是能否吸引融资支持，而是能否执行企划。如果创业者设法获得了融资，但却无法有所成果，融资者是不会怪他们自己过分乐观的，相反的，他们会给创业者在未来融资时留下难看的记录。

第三，仔细地界定你的竞争优势。"酝酿中的传奇"比比皆是，即使"鲍勃和他年幼的弟弟利用闲暇时间发明了改变世界的软件，鲍勃也因为毕生都在玩电子游戏而成为软件专家"，未来还是有一段漫长而险恶的路要走。公司可能声称他们在解决问题方面独具一格，但顾客却不一定这么想。例如，以前大家流行在网络上成立"社群"，很多公司的远景规划都是运用比别人"更复杂、更有升级性"的软件来建立涵盖全世界的社群。是的，每个人都这么想。但接着他们可能会说："我们会比别人提前六到八个月开发出软件，这就是我们的竞争优势。"然而在今天的市场中，公司的独特技术会受到技术层面和商业层面的挑战，以新奇有趣的技术来打动不懂技术的投资人，这种做法已经吃不开了。

第四，创业者应该打造的是公司，而不是创意。我们可以看到，今天的网络是一种达成目的的方法，而不是目的本身。具有实体事业的网络公司可以运用网络进一步达成目标，但他们的事业并不是网络本身。记住，网上食品配送服务大多以失败收场，为什么呢？因为他们是从网络起家，然后再退回到开发配送系统。但同时，既有的配送商店已经花了数十年来建立配送网络，是很难与之竞争的。实际上，亚马逊是极少数基于网络配送的概念而获得成功的公司之一。总之，要紧的是拥有一个公司而不仅仅是一个创意。你需要有效的基础建设来成功地使产品商业化。

第五，清晰地展现你的技术或独特的市场利基：它是做什么的？谁会来购买？为什么？在网络泡沫化时代，很多简报都是由CEO来展示公司的技术，结果反而把听众弄得一头雾水。高科技事业可能宣称："这项重大创新花了两位软件工程师六个月的时间才开发出来，另一家公司花了500万美元却无法完成同样的事情。"然而今天，应该强调的是已经被成功商业化的产品，投资人早就被那些林林总总的高科技搞得眼花缭乱了。因此，着重说明你的产品的实际应用，以及最终消费者的成本效益。你可能研发出一台有一堆新奇按钮和十种不同选项的掌上摄影机，但大多数顾客想做的只是用镜头锁定事物，然后按下"录影"键而已。

第六，清楚地说明商业模式。应该提到公司是否能每月产生营收，以及盈亏平衡点在哪里。如果没有，那公司的报酬是什么？如果公司的价值创造在于累积会员和建立网络，那就要清楚说明需要花多长时间。对广告营收的估计要切合实际。很多Web2.0新兴公司现在也了解了，网站流量并不等于盈利。问你自己：你经常浏览与使用的网站如果对现在免费的服务开始收费，你的习惯会有什么改变？你的答案就会透露出你觉得那些网站有多大价值，以及那些创意从浏览者和用户身上产生营收的可能性有多大。就像NowPublic的例子所示，公司不必非得盈利才有融资，但公司必须清楚地显示创造价值的方式。在网络泡沫时代，投资人不怎么作深入的了解，只要公司的广告宣传做得天花乱坠就能获得融资。今天，投资人变得更加理智，经验也更加丰富，他们仍然想在公司的草创初期就投资于公司的潜力，但是公司必须要更为清楚地显示出创造价值的方式。

那么，为什么 Web2.0 不同于 2001 年的网络泡沫呢？因为网络不再是新奇的事物，而是随处可见的事实。亚马逊之类的例子，让投资人意识到商业模型可能需要时间才能发挥效果，但公司是可以根据网络商业模式创立的，很多领域都需要投资人耐心等候才能获得巨大的报酬。投资人明白，只要公司有卓越的战略和经验丰富的团队，就有可能经营得很好。其实，以前的网络时代还是有不少成功的案例，只不过有太多臭名昭著的失败案例把它们给掩盖了。

融资的来源

新事业常常靠创业者自己及亲朋好友的资源来开始创业。另外还有许多白手起家的技巧，例如租赁、接受无偿服务等等。但对外融资是必需的，因为创业家的远见往往大于他的钱包所能支付的范围。因此，很多创业者需要别人为他们的远见买单，这样才能落实愿景。投资的资金可以用来支付最初的现金开销（在事业能够产生利润之前），作为商业资本，或者投入漫长的产品开发周期。为了借债或发行股票，创业者必须确切地判断究竟需要多少资金，是以借债的方式获得，还是以招募股权的方式获得，以及如何由适合的融资渠道募款。

新事业可能从许多获得资金的来源。作为创业者，你应该灵活考虑所有的资金来源，然后再决定哪一种来源最符合公司目前的发展状态。记住，潜在的资金来源尤其关注他们预设的风险标准。能否选择以下列出的融资来源，取决于公司的发展状态。

第一，也许最显而易见的起点就是找大型的金融机构，比如银行。但这可能无果而终、充满挫折。这些金融机构只有兴趣借钱给那些有抵押品（不论是资产还是个人担保）的客户。能借到多少钱与你的信用记录有关，但清楚设计的商业计划和战略也有帮助。不过，正如所有创业者都知道的，这些金融机构不喜欢承担风险和贷款损失，商业贷款人员都有清楚界定的风险承担原则。创业者应该避免不必要的挫折：不要抱着不切实际的预期去银行贷款。别期待他们会注意你的潜力而忽视借贷规范，不，他们不是风险承担者，也不是创业伙伴，而是贷款者与抵押品的评估者。

第二种融资来源是次贷机构，这是包括从小型借贷机构到大型金融机构的分支的特殊金融组织。次贷机构一般根据公司的现金流量与创办人的个人担保来提供无担保的长期融资。他们和银行不同，并不把焦点放在公司的实体资产上。他们通常会提供资金支付企业成长的相关费用，例如行销费用、管理阶层收购、持续的研发、新建办公室、员工扩编、存货需求等等。这让公司可以在不稀释股权的条件下节省运营资金。有些次贷机构会直接提供五年期的贷款，有些则提供比较短期的贷款，例如一年期，目的是帮助公司完成公开上市，公司一旦上市，次贷机构就可以按预设的价格把债券转化为股权。次贷机构的利率大约是每年15%，他们的成本比银行高，但比引进公司股权并放弃一部分所有权的成本低。

第三种是天使投资人，他们是喜欢以私人身份投资新事业的有钱人，通常已投资过其他新事业，赚到足够的钱就可以做转投资。

这些投资人大多需要通过私人网络牵线，不过大城市大多有比较公开的"天使投资人大会"。在这些大会上，创办人向这些投资大户介绍一连串的公司，让他们仔细挑选投资标的。创业者如果选择以这种方式融资，就需要仔细准备简报内容，并严守保密原则。各地的司法权都规定投资机会不得向公众开放，但对公司来说，最常见的例外就是来自私人的资助，只不过这些私人投资者名义上叫做"公司高层管理者和董事的亲朋好友及同行"。

第四种资金来源是创投公司，这些公司专门为有成长计划的人融资。本章一开始提到 NowPublic 案例时提过，像 Rho 创投公司之类的创投基金就会投资新事业。不过，创投公司的投资标准很高，从 Rho 创投公司的投资规格即可见一斑。创投公司每年可能收到上千份企业运营企划案，但他们通常只会资助其中 1% ~2% 的公司，所以对创业者来说几率不高。创投公司做投资决策时相当仔细，因为他们必须和选中的公司建立长期的关系，这段融资关系一般会持续 3~7 年。由于创投公司是资金投入者，所以他们会多方左右公司的运营方向以保障其投资。创投公司关注的要点通常是事业规模、地理位置、所处产业和发展阶段。位于硅谷的一些创投公司只会投资离他们办公室车程不到两小时的公司。至于产业方面，有些公司只考虑电子商务或无线新兴业者，有些则比较喜欢投资生物科技。创业者可以把自己定位成最顶尖的 1%，但这需要大量的战略规划，并显现公司最好的一面。

大众公司的融资

虽然目前有一些大众公司获得创投公司资助的例子，如 Now-Public，但以下我主要以寒武纪工作室的经验来说明融资过程。我认为 NowPublic 是比较容易了解的概念，因为它是一种大众共创的新闻。人们上网贡献新闻、共同提出自己对新闻的看法，大众力量是产生新闻的方式。相反的，寒武纪工作室不只是把大众力量当成工具，也把它当做目的。因此，投资寒武纪工作室就意味着，相信大众力量不仅具有价值而且它也是创造未来的方式。由此看来，寒武纪工作室是一个更具挑战性的投资案例，而它已经获得了成功。

寒武纪工作室是如何在过去的两年内筹集到大约 800 万美元的资金的呢？为了第一回合的融资（见下页表格），西科斯基得向未来的投资人解释寒武纪工作室在达到盈亏平衡点之前必须花费一定数量的现金，而公司价值是需要通过长期的会员积累才能创造出来。前面也提过，他在做这一说明的时候非常小心地选择用词。

西科斯基的优势之一是他以前创办过好几家公司，他自己也是十家公司的天使投资人。他向投资人透露的信息正反映了他自己作为天使投资人喜欢听到的信息。他用卡加利油田打比方："我们使用的方法就像已知如何勘探石油的地质学家所采用的方法一样……我知道，只要我们通过大众外包让社群成员来指引公司的发展和市场预测，我们就会成功。"他对公司的看法是："我们虽然和孵化器有一些相似之处，但是我们更像是点子建构者——我们让市场的手和社群的手来指引我们。"

尽管长期看来公司有很好的前景，但投资人希望在过程中也可以看到一些特定的阶段性目标，也希望有退出机制以使他们保持相当的灵活性。由于最初的投资人已经投资两年多了，西科斯基认为回报期也快到了，这倒不是说投资人想要获得全部的回报，而是说投资人想要获得某种形式的回报。不过，由于寒武纪工作室是大众外包领域的先驱，所以西科斯基坦率承认："我们并不确切地知道怎么运营。"他的目标可不是创立一家孕育科技的小公司，然后等着大公司来收购。

融资阶段

回 合	日 期	金 额	股 价
1	2005.11–2006.1	263 万美元	0.25 美元
2	2006.12–2007.4	530 万美元	0.53 美元
3	……	……	……
合 计		793 万美元	

股权结构

名 称	金额（美元）
创办人	5 851 921
第一回合	10 520 000
第二回合	5 300 000
小 计	21 671 921
权 证	1 886 792
选择权	3 250 788
合 计	26 809 501

资料来源：寒武纪工作室投资人简报，加拿大温哥华（2007 年春）

整体来讲，寒武纪工作室的情况是经典的新事业案例：潜力无穷，但营收很少，因而公司有"现金消耗率"，——事业最初运营时消耗投资人的资金，而达到盈亏平衡点和投资人能够回收资金的时候遥遥无期。那么，新事业如何在这种情况下融资呢？西科斯基认为，投资人需要知道蚌壳要经过多年的酝酿才能产生珍珠，他解释道："我觉得没有任何捷径，但我不是说我们不能尽早取得成功。"他引用了 Facebook 和 Google 的例子，这两家公司都是经过多年的酝酿才开始蓬勃发展的。这些成功的案例显示，关键在于找到合适的投资人。

在西科斯基看来，"我们的投资人总是很有耐心的。"耐心的投资人让公司可以着眼于未来并思考长期目标。西科斯基评论道："我们犯的错误可能是一直在思考退出机制，以至于我们必须把焦点放在累积会员人数上，以便迅速出售公司，但事实上，我们都认为我们可以长期经营这家公司，也许 10 年、15 年或 20 年。这意味着我们应该把重心放在每月产生的营收上，以便维持运营。"

西科斯基用电梯打比方，来解释"退出机制"：公司往顶楼上升时（变成顶尖的大众外包公司），电梯会逐楼停顿，让投资人在需要时就提早离开，公司不会一次就从地下室直升顶楼。西科斯基表示，他和团队都会考虑这些事情，此外，"投资人知道科技周期在十年的尖峰期后会逐渐衰退，就像 2000 年发生的情况那样"。简单地说，"当你发展公司时，你希望每次都稳稳当当地到达下一个楼层，这样才能在必需时发现价值"。

西科斯基相信他找到了合适的投资人。"我想我们的投资人大多了解他们投资的是什么事业。如果有人想退出，我们会考虑以买回股权的方式解决。他们可能只赚两三倍的报酬，但坚持投资下去就可能获得十倍二十倍的报酬。"公司应该牢记的底线就是：任何参与进来的投资人都要知道如何退出。

我问西科斯基，对寒武纪工作室社群建立起到关键作用的透明化政策是否引起了投资人的疑问。他回答道："如果投资人对我们的透明化政策有任何疑问，我们都不会让他们投资我们的公司！尽管有一些投资人不理解我们的员工在做什么，但他们还是鼓励我们继续做下去，因为我们做的可以看出成效。"西科斯基的目标是持续地在公司里创造价值。他解释道："我们努力在理性繁荣与审慎乐观之间寻找平衡，以便在成员之间营造出积极的富有建设性的环境。对那些不懂 Web2.0 为什么会赚钱的人来说，他们错失了一波令人振奋的良机。"

总之，潜力无限但营收微薄的大众公司可以成功地融资，公司需要找到了解风险回报情况并且有耐心的投资人。就像任何新创事业一样，融资的过程充满挑战。克服这些挑战的方法之一，就是以规划良好的战略因应不断变化的新虚拟市场。

大众公司的战略规划

成功的融资计划必须搭配卓越的战略，这是"执行智慧"，亦即完美达成目标所需步骤的能力要素之一。最终，投资人也会以赞成公司的战略规划作为回应。寒武纪工作室基于透明化的原则，坦承他们犯了一些错误，不过整体计划的执行相当完美。大众公司的关键就是必须采用我们在第一步中讨论过的应变式战略规划。

首先，寒武纪工作室的核心战略就是培养大众的兴趣与忠诚度，他们对第一批投资人解释道："吸引大量的社群成员已经成为提升寒武纪工作室价值的重要战略目标。"2006 年 7 月，寒武纪工作室刚一推出就得到了热烈的反响：4 135 人加入社群成员，收到点子 1 909 个，网站来访人次 195 904 人，浏览页数达 649 900 页。公司也策划出一套宣传活动，拍摄了"Google 比萨影片"，拍下了突然给 Google 总部送去 1 000 个比萨的喜剧场面，这段影片在 YouTube 上获得好评，荣登"当月获得点击数最多的喜剧"榜第 37 名。总之，一开始，寒武纪工作室在吸引流量到网站方面就有出色的表现。

　　第二，寒武纪工作室想通过大众的参与产生多种多样的创意。创意不断涌入（截至 2008 年 6 月已累积至 6 600 个），但筛选创意的流程需要改进。2006 年 9 月，公司改善了挑选创意的方法，推出"IdeaWarz3.0"，这是让社群更好地筛选创意的每月竞赛，即让社群成员投票选出 16 个创意相互对决，比较没有人气的创意自然就逐渐淘汰，最后赢家胜出。寒武纪工作室也借此表现出他们愿意改善网站的运作的意向。

　　第三，寒武纪工作室不断寻求创收方法。2006 年 9 月，寒武纪工作室创建了"第二人生虚拟环境"。第二人生是由用户想象、创作和拥有的 3D 立体数码网络世界。在第二人生里，居民们可以买卖林登元（Linden dollars）并拥有虚拟的土地。寒武纪工作室也加入其中，开发出另一个吸引社群成员的管道。西科斯基形容："我们把它当成吸引社群成员付费加入寒武纪工作室社群的方法，目前，在第二人生里，平均每 24 小时有 400 美元以上的交易。"2006 年 10 月，寒武纪工作室还在第二人生里创造了战斧岛。虽然营收很少，但公司持续寻求额外的营收来源。

　　第四个战略发展是 2007 年 1 月，寒武纪工作室决定改变大众外包的方式。这是一项重大的决定，它和公司的灵魂息息相关。西科斯基坦言："对许多想要开始做大众外包的社群成员来说，我们已达到了瓶颈。"他们决定退出来，让成员之间做更多的交易。网站上写道："在自然演化中，我们不再挡大众的道，而是建立社群与工具，让他们拥有自己的项目、彼此往来、定义工作、分配权利金点数，等等。"结果，公司决定不组织内部团队进行市场测试和管理新产品，转而让社群来主导。

这个决策包含人力资源的考虑。2007 年 3 月初，寒武纪工作室有 34 名员工负责四个部门的运作：寒武纪工作室操作系统（后来改称为 Chaordix）、Gwabs、罗宾汉基金、Prezzle。但是到了 3 月底，公司遣散了 8 名员工，只剩 26 人。缩编的目的是为了让寒武纪工作室作为一个紧密的团队来运作，而不是分散成多个团队来处理大众外包的各种创意。公司声明："我们发现团队成员过多，就会使沟通管理和团结合作变得很难，所以只好做出遣散 8 名员工的痛苦决定。"

寒武纪工作室把自己的角色从交易参与者变成了中介者，因而网站平台需要重新考虑，这也是激发他们开发 Chaordix 操作系统的最初动力，而这套系统于 2007 年 4 月开始成型。当时寒武纪工作室设立了以下目标作为大脑风暴的焦点："深入思考如何创造一个'有黏度'、持久的社群，决定建立一个崭新的、看起来干净利落的、添加了更多价值的功能菜单，并建造能够招募未来成员的平台。"这也是公司持续关注的议题之一。2007 年 6 月，寒武纪工作室进一步改进了网站的用户界面，旨在吸引更多的成员，并与许多新兴的社交网站展开竞争。他们决定 2008 年第一季度把寒武纪工作室操作系统作为核心产品，其远景是："创造一个让个人和公司掌握大众智慧的平台"。他们制定的里程碑包括建造操作系统核心、产生更多的营收、让社群成员人数增至十万人。Chaordix 操作系统的开发反映了寒武纪工作室因应不断变化的竞争环境、不断重新思考商业模式的意愿。

第六，寒武纪工作室不再只是考虑退出战略，而是改用市场进入战略，把运营焦点从短期转变成了长期。这一战略是 Chaordix 系统开发的补充，他们不打算在短期内用甜头与迅速出售来回报投资人，而是决定打造更为复杂的平台以提供更大更长远的价值。作为新兴公司，寒武纪工作室有赖于投资人的支持，而投资人的第一个问题往往是："要多久我才能收回投资？"（换句话说，就是退出）。由于每个月的营收很少，所以新事业强调的是累积企业价值，然后通过迅速出售来回报投资人。但是，寒武纪工作室决定，与其把焦点放在退出计划上，不如把焦点放在建立企业上，这就意味着关注事业的核心——Chaordix 操作系统。因此，他们决定把罗宾汉基金与 Prezzle 切割出去独立运作。此外，他们也希望找到合伙人一起让 Gwabs 上市。于是，公司的焦点变成打造并推出 CH3.0 平台，目的是为商业、大众外包以及和全球顶尖合伙人一起创新而建立充满活力的生态系统。

寒武纪工作室的战略规划决策显示了大众公司在新虚拟市场上该如何运作。新虚拟市场是一个不断变化的市场，容不下任何静态的战略。大众公司必须对 Web2.0 的趋势、竞争对手的崛起和竞争环境的改变保持高度的敏感。大众公司既需要进行合理的战略规划，也需要注意公司成长的基本要素。

公司成长的八大法则

所有的跳伞者都熟悉"死亡螺旋"这个词。当跳伞者打开降落伞但降落伞没有张开时，就会发生"死亡螺旋"。跳伞者会以越来越小的圆圈旋转降落，陷入无法逃命的旋风之中。创业者也有可能遇到同样失控的情况，我称之为"创业的死亡螺旋"。在新创事业的过程中有很多陷阱，大众公司面临的潜在困难可能更多。对此，我总结了大众创业家成功经营公司、避免"死亡螺旋"的八大法则。

1. 接受好的建议

创业者必须摆脱自以为是的观念，过去的成功经验有时候反而使他们排斥反对者、一意孤行。但是，从一般意义上的原则来讲，创业者应该认真考虑其他人的见解。没有提建议的同僚，谁还会站出来反驳不当的决策？没有人。创业者制定规则并雇佣员工来遵守这些规则，但局外人也可以向创业者提出宝贵的建议。例如，银行通常可以为创业者提供完善的建议，以免创业者过于乐观。银行的原则是希望保本并获利，他们对风险没有兴趣。他们在贷出资金的同时想得到担保品、收取利息、拿回本金。

2. 善于自省

创业者应该客观地从外部观点分析个人与公司的绩效表现。他们也必须分辨哪些建议来源可以提供睿智的见解，哪些不能。此外，一套平衡的意见对事业的平稳运作非常重要。如果创业者周围都是支持者，排挤所有的异议，公司就不会做出必要的改变，负面动力也会逐渐失控。一定要确保你的周围有一群值得信任的建议者，当产业发生变化、竞争加剧或者你自己的缺点导致某种结果时，他们会及时地提醒你。

3. 管理自我

不要让你的自我主导公司。记住，每个人都喜欢锦上添花，尤其是他们可以从你身上获利时。但当你走下坡路时，就别指望还有人对你阿谀奉承了。对自己抱持平衡的观点，既不盲目自信也不妄自菲薄。当高科技公司纷纷在 1990 年代末期首次公开募股时，媒体把高科技公司的创办人捧上了天。创办人也因此自我膨胀，以为自己真的坐上了永不沉没的胜利之舰，没有为即将到来的风暴做好准备，然而一旦风暴来临时，他们全都沉没了。这种事情也完全有可能发生在你的身上，所以别欺骗自己。

4. 谨记核心

攸关公司成败的核心技术是什么？周边技术又是什么？例如，公司的核心技术可能是你拥有一群人才，他们懂得如何以优于多数业者的价格安装某类软件。你的核心技术可不是每周五下午的集体拥抱或每周二可享受的美味比萨。这些有趣的事情可能有助于提振员工士气，但却不是公司的重心。把焦点放在核心上，制造客户想要的专业产品。毕竟，如果公司不能赚钱，你也没法维持企业文化。

5. 抵制贪念

1980 年代的电影《华尔街》中的主角戈登·盖科宣称："贪婪是好的。"在香港，贪婪被称为"红眼病"，它扼杀的交易比我能想到的任何其他因素都还要多。猴子因为不愿意放弃手上多拿的饼干，而让手卡在了饼干筒里，反而失去了吃饼干的机会。同样的，创业者也有可能因为贪心而失去原本应有的盈利。我想起了在2001 年网络泡沫破灭前一年准备让公司上市的"马克",当时他的公司每年创造 700 万美元的营收,却一直没有获利。后来他计划以网络为平台大幅扩张,并获得了 300 万美元的融资,公司上市后的市值预计可以达到 3 000 万美元,而马克将会得到 1 000 万美元以上的账面股权。大家都羡慕马克,认为他多年的辛苦即将得到回报了。然而马克却陡生贪念,尽管所有人都建议他接受这笔交易并开始扩张公司,但马克却决意等待更好的出价。结果,2001 年的网络泡沫破灭使他栽了一个大跟头:他提出的条件过于苛刻,但市场反转后,交易被彻底取消。他的公司很快破产,并且被各种官司和债权人不断纠缠。真是遗憾,事情的发展本来可以不是这样的。

6. 管理风险

创业的关键是经过仔细的评估然后承担相应的风险。成功的创业者总会管理和减少风险,短期创业者则会忽视风险。上市的过程反映出创业者管理风险的不同方式。成功的公开上市与后续的成长可以衍生出巨大的利润,不过最好的方法是在风险过程中采取保守的态度。确保每件事都做得很妥当,贡献者都得到了应有的报酬。以业界标准行情聘请律师、会计师和承销商等顾问——你可能不喜欢这么做,但是这是创业过程必要的成本,与其斤斤计较,不如从一开始就妥善地计划成本、筹集足够的资金。此外,在风险管理方面,规划时要以两倍的时间和两倍的支出为基础。规划公司运营时,要留出比较长的前期准备时间,以便获得法规的批准,不要预期别人都和你一样迅速地处理事情。以适当的规划降低风险。

7. 保持开放的心态

在某种程度上，你决策能力的好坏与选择的多寡有关。《谈判力》一书的作者罗杰·费希尔将 B 计划称为"协议的最佳替代方案"（Best Alternative to the Negotiated Agreement，BATNA）。他建议不要在不知道 BATNA 的情况下作出协议决定。创业者需要了解应该做些什么来获得融资和支持，以及万一做不到会发生什么事情。有一位创业者是知名的教育工作者，他研发出一套网络学习系统和一种网络引擎技术，引起了人们的关注。可惜的是，这位创业者坚持向全球推广这套网络教育系统，而不是行销有吸引力的网络引擎技术，结果导致一再错失良机，最后几乎破产。后来他只能接受他原本拒绝的方案——行销网络引擎技术，但这时的条件已经比原来差多了。

8. 让公司自立

如果公司没有你就无法运营下去，那么你并不拥有一家真正的公司。一位创业者兴致勃勃地告诉我："对我来说，一切事都是私事。"换句话说，他必须随时知道他的公司里发生的每一件事。但事实上，当你有能干的管理团队时，公司应该就不会非你不可了。没有实现这一角色转变、事必躬亲的创业者，给公司的成长带来了瓶颈。

以上八大法则只是简单地描述了新创事业面临的挑战。这些挑战我都曾一一亲眼目睹过，处理不当的话，它们都有可能导致公司或创业者的失败。

回顾步骤五

✽ 由于多数新事业都需要在产生内部现金流来支应企业运作之前获得融资，所以新事业的融资对事业的存亡至关重要。

✽ NowPublic 显示大众公司也可以获得高标准创投公司的融资。

✽ 创业者必须吸取网络泡沫时代的教训，把自己定位成不同以往的投资提案。

✽ 创业者常见的融资来源是：商业银行、次贷机构、天使投资人、创投公司。

✽ 在不断变化的新虚拟世界中，应变式战略规划是重要的方法。

✽ 创业者可以通过下列方法维持公司的成长：

☞ 接受好的建议

☞ 善于自省

☞ 管理自我

☞ 谨记核心

☞ 抵制贪念

☞ 管理风险

☞ 保持开放的心态

☞ 让公司自立

采访西科斯基：寒武纪工作室及其大众外包之路

大众外包

理查德·古森：当你 2006 年 2 月创办寒武纪工作室时，"大众外包"这个词还没发明出来。2006 年 6 月杰夫·郝尔一提出这个词，你就马上拿来用。你为什么认为这个词会开始流行，而不是以前就存在的"集体协作"或者"集体智慧"等词呢？

迈克·西科斯基：杰夫是一位很聪明的沟通者，他发现集体协作和集体智慧等领域有很多的发展，但却没有人用一个朗朗上口的词涵盖一切！简单地说，大众外包就像外包一样。如果你打电话告诉你妈妈自己正在"运用集体智慧"，她可能听不懂你在说什么。

古森：大众外包公司似乎还缺乏清晰的定义。一些所谓的大众外包公司，比如 istockphoto，看起来更像是社群网站，而不是大众外包网站。或者以弗鲁瓦格鞋业为例，他们运作的一部分就是大众外包，但同时他们在实体店卖鞋也已经有 37 年了。你认为定义大众外包公司的关键是否在于没有大众，公司就不能生存？

西科斯基：是的。我想大众外包公司的独特之处就在于依赖大众。没有大众，我们一无是处。大众是我们的 DNA，而不是促使公司运营更有效率的方式。

开设网站

古森：你的网站在开站头三天就得到了五万次点击，这真是一个出色的开始。你是如何做到的？

西科斯基：我们有一群充满创意的团队，大家在开站上花了很多心思。我们知道网站一开始就应得到瞩目，否则就没有机会在大众外包领域中胜出了，因为还没有人真正知道如何获胜。

我们的一大优势是人们已经开始阅读大众外包的信息。由于我们出奇制胜，人们会很快听到我们网站的消息，认为我们有值得信赖的模式。于是，我们在人们初步兴趣的基础上持续发挥，使他们的兴趣像病毒一样迅速传播开来。

迅速名声大噪的方法之一就是要有新奇的东西，但这也有缺点，那就是风险较高。寒武纪工作室一向走两极化的道路，不是大好就是大坏，从来没有中间状态。

我认为那有助于我们小心谨慎地规划网站开设。我们制订出详细的开站计划，订出六个月期间每天要做什么。为了使秩序井然，我们一步一步地列出开站步骤：

1. 在开站之前，我们就已经开始向很多博客宣传公司。

2. 我们在网站上为软件开发者推出"寒武纪密码"，让他们来解开谜题。

3. 接着我们推出"送比萨到 Google 总部"的活动，引爆话题。

4. 网站从试用一版升级到试用二版时，我们推出试用版特别奖，并以倒计时的方式在半夜推出新网站。

5. 我们建立了一个完整的故事，以便让社群成员跟着我们一起完成整个开站过程。

我想大部分公司开站时犯的最大错误，就是把开站当成为某个精雕细琢两年多的作品揭幕一样，然后预期大家纷纷涌入网站。实际上，公司最好让大家一起参与整个流程。

创新与"第一"

古森：你觉得寒武纪工作室缔造了哪些"第一"？

西科斯基：最突出的"第一"是，我们是第一家依赖大众的网络公司。没有大众，我们的事业就无法运作。大众决定我们把资金运用到哪里。

另一个"第一"是向社群提供股权，任何一位在网站注册的成员都分得一股，从而为非员工建立了合作架构。我们决定让社群拥有股权，因为目前还没有公司以提供股权的方式激励大众。没人发明那样的架构，我们大约花了 10 万美元的律师费才想出怎么做。即使是现在，很多社群成员也还不完全了解这个架构，不过我们还是照样推动，因为我们认为这是新的形态。

古森：那么，如果有人加入社群，拿到股份，你真的会把他纳入员工的认股计划中吗？你会通知他拥有公司的股权吗？还是真的寄给他一份证明？

西科斯基：你无法真的那么做，因为股东不是真正的员工。但是我们组成一个和公司有关系的合作组织，这个组织拥有 1%的公司股权，可分享 1%的年营收。这个合作组织里有社群成员组成的管理委员会，由他们来决定谁有资格获得报酬。所以如果他们认为"约翰"是很杰出的社群成员，他们可以制定一项策略，明确规定谁当年参与多少社群事务，可以获得多少比例的营收和股权。

这个方法比员工认股计划之类的方法更复杂。在员工认股计划中，公司是配置特定数量的股票给员工，只要员工在一定期间内留在公司，就可以执行认股权。这种计划很容易理解和实施。基本上，我们所做的就类似于员工认股计划。简单地说，我们是把大众外包整合到公司里，但这么做并不是很容易。

社群成员的奖励

古森：公司目前为止已经奖励了多少钱给那些贡献了创意的社群成员？

西科斯基：有两种奖励方式：一种是由寒武纪工作室奖励大家贡献的创意，另一种是由社群成员直接给原创者支付现金或提供服务。目前已经给出了不少奖励，寒武纪工作室实际支出的现金大约10 000美元，我们收到了不少预订，所以必须回馈给成员们。发明Gwabs的两位成员用得到的奖励买了房子。在社群里，社群成员之间已经为各种创意支付了60~65 000美元不等的奖励。因此，大众本身支付的金钱已经是寒武纪工作室的五六倍。

古森：那是如何运作的？

西科斯基：社群成员可以在他们之间相互外包。比如你在社群里提出了一个点子，但寒武纪工作室不想给你权利金点数，任何成员都可以对你说："嘿，约翰，我可以用1 000美元向你买那个点子吗？"你可以回答："好啊。"对方就把1 000美元汇给你，那个点子就变成对方所有。或者，某人可以说："嘿，你想和我一起做这个项目吗？我可以付你5 000美元。"所以我们的体系里已经有金钱转移，完全是自由自发的。

古森：你为什么要设置这样的双轨系统呢？

西科斯基：我们有两个部门，Prezzle和Gwabs，第三个部门

"贪婪还是急需"也正在热烈进行中。这些都是在两年内（2006—2008）发生的。以一家公司的能耐来说，我们已经发挥到极限了！可能要到 2008 年年底或 2009 年年初才会再推动新的创意。这也是社群成员可以在这个生态系统中为所欲为的原因，也是我们从 CH1.0 升级到 CH2.0（后来又升级到 CH3.0）时解决的一个瓶颈。我们让生态系统孕育商业活动，社群成员可以相互交换权利金点数、金钱、创意的所有权和工作。我们只是告诉大家"尽管去做"。

应变式规划——优点和缺点

古森：回顾这两年创办和经营大众外包公司的历程，你觉得最引以为傲的是哪些事？

西科斯基：首先，最引以为傲的是我们从一个位于阿尔伯塔省卡尔加里市的小团队，变成了大众外包领域的意见领袖，而我相信，将来每一家公司都会涉足这一领域。我们最感到骄傲的就是我们有获得意见领袖地位的能力以及随之而来的种种好处。那是非常棒的。身为意见领袖，我们可以获得更好的机会和人脉。

第二，公司的创立也让我们觉得很骄傲。大部分公司都不知道有没有人在意他们，我很骄傲可以让大家认为我们的工作是有意义的从而去加以关注。

对我和整个团队来说，第三个值得骄傲的是看到社群中的个人如何得到了发展。例如，我们的社群成员之一安迪·杜伦为基金电影公司提供了一个创意，因而改变了他的一生。他是在安大略省的曼格纳公司负责物品收发的一个年轻小伙子，他讨厌自己的工作，却对电影和创业情有独钟，他开始上网发表他的创意，累积支持，推广创意，后来赢得我们的绝妙点子大赛。他现在已经从安大略省搬到卡尔加里，组成顶尖团队，获得了创投公司的融资。我不知道他的公司会如何发展，但是我们帮助他获得了成功，加入我们的社群这一经历改变了他的一生。每次看到他，我都觉得能帮他更接近梦想真的太棒了。

古森：回顾过去的两年，你觉得哪些事情可以做得不一样？

西科斯基：坦白地说，我们有些事情确实没有做好，但那也是创业学习曲线的一部分，尤其是进入大众外包这样未知的领域。我们做得最糟的事其实在某种程度上是可以预期的。我们一开始就把组织设计弄错了，我觉得社群方面的设计是对的，但内部设计是错的，我们花了一年到一年半的时间才改正过来。由于我们的生态系统里有太多的点子，所以要把焦点集中在下一个大点子上是很有挑战性的。

我们是非常扁平的组织，我们发现（这也是一条关键的学习原则），即使我们想要有扁平的层级，也无法有沟通良好的扁平层级。我们必须围绕着沟通来建立层级，所以为了做出弥补，我们改变了沟通层级，并围绕着每个机会来设置合适的架构。

古森：你在 2007 年 3 月表示，寒武纪工作室需要遣散一些人。

西科斯基：那是痛苦的决定，我们需要缩编，因为我们无法在新项目中创造价值。我们觉得如果当初有不同的架构，我们推出的公司还要更多。与其将这些部门都设在寒武纪工作室里，还不如把部门切割出去，让部门有自己的资金、企业架构、CEO 和团队。我们必须缩减所中意的机会，那会伤害公司的成长；当你不得不解雇你的朋友时，你会觉得不想当创业家。

从公司的观点来看，我们做错的是组织设计：沟通层级。艾瑞克·贝哈克在他的《财富的起源》一书中，把经济理论和社会网络理论联想到一起。他主张，把无法预测的决策和深入的内部联系以及扁平层级混合到一起会产生混乱。我们就碰到过那样的情况。由于创意太多，我们的决策当然是无法预测的。

我自己也有责任。有些组织挑战可能是我造成的，因为我的领导方式太富于侵略性了。如果能够回到过去，我会以"适度"积极的态度推动计划。我觉得我们在建立部门方面过于急促。

透明化

古森：在 Web2.0 世界里，透明化是成功的关键。从寒武纪工作室的观点看来，透明化有哪些优缺点？

西科斯基：说到透明化的缺点，第一个就是必须要投入时间。你不可能不花费任何成本就达到透明化。也许我们有点极端了，一开始我们还聘请摄影师对我们的内部会议进行录像。后来我们直接用网络摄影机录影，那样比较省钱。如今我们是找人帮我们录制重要的会议。

透明化的第二个缺点是，它会透露公司在开发阶段时面临的挑战。当你观察公司，尤其是在其草创初期时，它的组织架构和沟通渠道都还没完全建立起来。寒武纪工作室创立初期，我们努力厘清团队关系、组织架构和所需资本。如果有人在那时观察我们的公司，而且并不了解新兴公司需要历经初期痛苦的成长，那么他可能以负面的方式解读初期的挑战。又一次，透明化变成了一种负担，因为我们需要向用户解释为什么这些挑战对处于这个阶段的公司来说是正常的。

透明化的好处就是它是联结大众的关键。你不能迫使人们深入地参与你的公司，但透明化提供了一种和人们相联系的方法。

古森：有哪些事情是需要保密、不能谈的吗？

西科斯基：从公司成长的观点来看，由于我们十分重视社群，所以高度保密实际上是行不通的。我觉得那并不是我们经常要遇到的问题（只有在做战略规划的时候才会担心这个）。有些情况可能有必要保密，我们可能有一些预定的合作伙伴，我们不能透露他们的身份或者我们想要找多少合作伙伴。但除了这些情况，我们的事业与商业模型都是开放的，我什么都可以告诉你。

创业建议

古森：对于关注 Web2.0 机会的创业者，你有什么建议？

西科斯基：我每次给人提出的第一条建议都是"闭嘴，去做就是了"。用不着说东道西，不论你读了多少书，要思考多少件事，如果你没有下决心去做，那就已经死定了。行动比较好，只要采取行动，你就是好样的。

第二，不要去做没人想要的东西。我知道那听起来很蠢，但是我看过很多公司制造出没人想买的东西，这也是为什么大众力量对我来说如此重要。如果你无法让大众认同你的想法，你又如何推动创意呢？我觉得如果你只是去做，而不是把焦点放在建立存货上，你就 OK 了。

第三，反正你一定会犯错一两次，所以干脆现在就先犯错。我不是鼓励大家不做准备、不阅读资料，但我不想鼓励大家先研究十年再创业，那就像活到一大把年纪才开始做爱一样。不论你的团队有多聪明，不论每件事有多顺利，如果你没有大家想要的东西，你都会不得不放弃。哪怕你只做对了两件事，但只要你是在做人们喜欢的东西，其他的事情也会迎刃而解。

创业者总是担心别人会偷走他们的创意，或者担心自己没有善用资金，我告诉他们："你们有什么好担心的？"

当然，你想要规划、想要思考、想要阅读、想要做一切可能的事以降低公司风险，但不要过度规划。

保罗·格雷汉姆说："我的意见总是最好的。"所以我每次都建议正在受训或寻求帮助的人到 www.paulgraham.com 去看格雷汉姆的文章，因为他会带你看所有这些建议，而且他讲得比我好。

结　论
作为大众创业家在新虚拟市场上获胜

作为大众创业家在新虚拟市场上获胜，有五个步骤。我已经在每一章最后总结了每个步骤的重点。为了不再重复，也为了呼应本书的初衷，我们的重点是把创业的洞见应用到 Web2.0 和大众力量的世界。在这篇结论中，我想提供一些从广泛研究成功创业案例过程中得来的新信息。

为此，我征询了我的同事拉瑞·法罗尔的看法，他是全球顶尖的创业理论学教授，美国青年成就教育组织（Junior Achievement of America）已经把他的方法和洞见纳入数十万初高中生使用的教材当中。

法罗尔从他 20 年来研究全球顶尖创业家的实际案例中，提炼出成功新兴公司应具备的四项特质。任何一位创业者都可以运用这个基本框架来获得最初的成功，任何公司管理团队也可以运用这个框架来促进公司的成长。从法罗尔的教学记录来看，世界各地的客户都觉得他的分析很有吸引力。

首先，创业者必须有清楚的"使命感"，亦即法罗尔所说的——使命"是什么"和"如何"完成使命。这必须从配合市场调整公司产品开始做起，法罗尔说这就是产品或市场策略。接下来是如何达成这项策略："创业者必须把这件事做好，尽全力让自己在一两个方面成为全世界最优异的业者，这样就可以为你带来很大的竞争优势。"他进一步说道："当你的价值观直接支持你的产品或市场战略时，要坚持下去！那是迄今为止激励一群创业者达成共同目标的最有力的方式，也是为什么拥有强烈的使命感是创业者第一要务的原因。"IBM 的历史就显示了强烈的使命感可以推动公司的成长，而缺乏使命感可能让公司未来的运营偏离轨道。

法罗尔说明了托马斯·华生是怎样于 1914 年创立 IBM 的。华生以一套简洁有力的价值观让员工了解自己的使命：顾客服务、尊重个人、努力完成每一项任务。华生认为 IBM 的竞争优势就是：任何产品都提供优异的顾客服务。多年以来，IBM 的企业广告都只是宣称："IBM 代表服务。"IBM 认为，由于他们重视服务，所以有 95%的产品创意都来源于顾客。有趣的是，这些价值观是如此普遍深入，但直到 1963 年，华生二世在他父亲创办 IBM 的 50 年后才将它们正式记录下来。在创办人的领导下，在具体落实这些核心原则的过程中，这些价值观一直延续了下来。IBM 有很长一段时间都是卓越的公司，其销售和利润在《福布斯》杂志上名列前茅。但是法罗尔指出："他们已经过了巅峰期，早在 20 多年前就开始走下坡路了。"IBM 的原始使命和创业热情在 80 年代公司几乎崩解时就已经消失。90 年代，尽管有一些复兴的迹象，但在不断创新、高速成长的竞争对手相继崛起的领域中，IBM 仍然是进展缓慢的庞然大物。公司的成长需要有强烈的使命感驱动，就像 IBM 早期的运营那样。

第二，创业需要有清楚的"顾客和产品远见"。从实务上来说，这表示必须清楚知道谁会买产品以及为什么买产品。法罗尔写道："所有创业者都必须具备的最重要的远见，就是清楚地知道有个特定的顾客群需要特定的产品和服务，而且他们会花钱购买。对创业者来说，没有比这更基本的了。"法罗尔指出，成功的创业者几乎都既是"产品专家"也是"顾客专家"，是具有经典的顾客和产品远见的自产自销的工匠。法罗尔描述了沃尔特·迪士尼的故事，他说迪士尼是娱乐事业史上最伟大的产品创造者。1928 年迪士尼率先制作第一部有声卡通《威利蒸汽船》，1937 年率先推出第一部长篇动画《白雪公主》，1940 年推出第一部立体声电影《幻想曲》，1955 年在迪士尼乐园推出全球第一部三百六十度环绕影片。在电视方面，1954—1983 年间，迪士尼推出有史以来播放最久的黄金时段系列影片《迪士尼奇妙世界》。1955 年，迪士尼乐园开业。1966 年沃尔特·迪士尼逝世之前，已经为佛罗里达的迪士尼世界奠定了基础。他的神奇力量是什么？法罗尔说，沃尔特·迪士尼真正的神奇力量很简单，"他既是一个产品专家也是一个顾客专家，既是一个科学家也是一个推销员，这真是所向无敌的组合。"法罗尔解释道："所以秘诀就在于变成对产品和顾客充满热情的专家。毕竟，产品和顾客是商业中最重要的两个要素。"

第三，创业者需要善用"快速创新"。法罗尔指出："快速创新有两条黄金准则：第一，你和你的团队必须把创新视为企业运营的必需品；第二，必须有强烈的迫切感来采取行动、落实创意。我们称之为发明的必要和行动的自由。"他表示："新兴的创业公司常常可以击败大型成熟企业，这是毋庸置疑的。新兴创业公司的第一优势几乎都是行动较快，比大型的对手更有创意。"此外，"我还从来没见过创业家是没有高度热情和强烈迫切感的。"创业家必须在竞争版图改变和机会消失之前迅速采取行动。

法罗尔讲述了拉瑞·西布隆创办 DHL 的故事。西布隆是北加利福尼亚的一个法学学生，周末兼职做快递工作，要开 20 个小时的货机横越太平洋。他和另外两个也兼职做快递的法律系朋友一起策划创立国际快递公司的点子。后来他们三人一起创办了 DHL（取自三人姓氏的首写字母 Dalsey、Hillblom、Lynn），开始提供隔夜送达服务。但是他们需要马上建立国际分公司的网络，于是，"他们在公司创立十年内（1972—1982）在 120 个国家设立了分公司，目前仍是历史上扩充国际运营最快的公司。"在经营过程中，西布隆建立了一家如今营收近 150 亿美元的公司。当然，后来又有一些国际快递公司成立，例如联邦快递（FedEx），但 DHL 的崛起主要是因为惊人的快速创新，他们必须快速创新才能完成基础建设以提供 DHL 快递服务。创业成功需要立即采取行动、对市场机会做出果断的反应。

第四，创业者必须有"自我激励的行为"，自我激励也激励员工。创业者是引擎，公司是机器。法罗尔解释："要创业，就需要自我激励。然后，再学会激励别人以促进企业成长。那也是为什么掌握最后一项创业要件——自我激励的行为——是所有创业成功的基础。"他继续说道："要在单打独斗的基础上成功地扩展，就要向员工灌输一些创业冒险、自我激励的观念。激励你自己值得赞美，那是一切的起点，但激励 10 名、100 名甚至数千名员工才是真正的秘诀。"法罗尔以本田汽车公司的创办人本田宗一郎为例，并称之为"20 世纪最有趣的日本创业家"。本田宗一郎是铁匠的儿子，只上到小学三年级，却建立起一家以关注顾客与效率系统闻名的公司，公司员工（不论是在日本的员工还是在世界各地的员工）也因此制造出竞争力很强的汽车。他于 1991 年去世时，全球各地的员工都深感悲伤，因为本田宗一郎不仅善于自我激励，而且激励了整个企业。

总之，创业家应具备的这四项特质对想要在新虚拟市场上获胜的大众创业家来说同等重要。Web2.0 世界还处于网络发展的初期阶段，网络还会继续戏剧性地改变我们的世界。跟上发展的最好办法就是参与其中，投入网络界，内心谨记创业原则。当你在这个持续成长的领域中探索机会时，就让本书提醒你应该注意的重要步骤。

你不可能在一夜之间就变成大众创业家，但是和网络环境接触得越多，你就越能体会其中的奥妙。大部分书都以此为终点，但本书却以此为起点。现在是该你把本书的原则应用到实践中去的时候了，你可以访问我们的网站 www.crowdpreneur.com，学习更多关于在 Web2.0 领域中创业的知识，并和其他读者互动。

致　谢

　　首先最重要的，我想向以下几位接受采访从而为本书的研究作出贡献的人士致以由衷的感谢，他们是：S6 行销公司的共同创办人和总监克里斯·布莱克斯（Chris Breikss），顶尖战略管理思想家兼作者弗雷德·大卫（Fred David），法罗尔国际公司的拉瑞·法罗尔（Larry Farrell），弗鲁瓦格鞋业的约翰·弗鲁瓦格（John Fluevog）和斯蒂芬·贝利（Stephen Bailey），《连线》（Wired）杂志的杰夫·豪（Jeff Howe），哥伦比亚大学商学院的丽塔·麦格拉斯（Rita Mc-Grath），寒武纪工作室的创办人兼执行长迈克·西科斯基（Michael J. Sikorsky），巴森大学商学院的创业学教授杰夫·提蒙斯（Jeff Timmons），以及公民新闻网站 NowPubilic 的共同创办人兼执行长迈克·提贝特（Michael Tippett）。尽管这些杰出人物非常的忙，但他们仍然慷慨地拨冗相见并阐述自己独到的见解。有好几次，我还需要对他们进行后续采访，他们也都欣然接受。我十分感谢他们愿意为本书的写作作出贡献。

　　我也要感谢西三一大学商学院创业领导中心所提供的帮助。我在该中心的助理米切尔·苏伊（Michelle Sui）和道格·凡·司邦森（Doug van Spronsen）为研究和转录采访内容提供了很大的帮助。

　　我还要感谢事业出版社的迈克·派（Michael Pye）、迈克·费兹吉本（Michael Fitzgibbon）、科斯丁·达利（Kirsten Dalley）和凯特·

亨其斯（Kate Henches），谢谢他们把原始手稿变成书，他们的专业
见解与指导使我受益匪浅。此外，也谢谢我的著作经纪人——水畔
制作公司（Waterside Productions）的比尔·格莱斯通（Bill Glad-
stone），他就如何将本书的创意转换成完美的作品提供了非常专业
的建议和见解。

理查德·古森

图书在版编目（CIP）数据

e 企业家 /（美）古森著；冯杨译.—太原：山西人民出版社，
2010.11

ISBN 978-7-203-06967-6

Ⅰ.①e…　Ⅱ.①古…②冯…　Ⅲ.①电子商务—市场营销学
Ⅳ①.F713.36

中国版本图书馆 CIP 数据核字（2010）第 181991 号

---

e 企业家

著　　　者：古森（美）
译　　　者：冯　杨
责任编辑：蔡咏卉
装帧设计：思想工社
出　版　者：山西出版集团·山西人民出版社
地　　　址：太原市建设南路 21 号
邮　　　编：030012
发行营销：0351-4922220　4955996　4956039
　　　　　　0351-4922127（传真）　4956038（邮购）
E－mail：sxskcb@163.com　发行部
　　　　　sxskcb@126.com　总编室
网　　　址：www.sxskcb.com
经　销　者：山西出版集团·山西新华书店集团有限公司
承　印　者：北京市通州兴龙印刷厂
开　　　本：710mm×1000mm　　1/16
印　　　张：11
字　　　数：126 千字
印　　　数：1-10000 册
版　　　次：2010 年 11 月第 1 版
印　　　次：2010 年 11 月第 1 次印刷
书　　　号：ISBN 978-7-203-06967-6
定　　　价：30.00 元